Astrología Kármica y Espiritual

Una exploración profunda de la reencarnación, el karma, las casas del zodíaco, las fases lunares y las conexiones del alma

© Copyright 2024

Todos los derechos reservados. Ninguna parte de este libro puede ser reproducida de ninguna forma sin el permiso escrito del autor. Los revisores pueden citar breves pasajes en las reseñas.

Descargo de responsabilidad: Ninguna parte de esta publicación puede ser reproducida o transmitida de ninguna forma o por ningún medio, mecánico o electrónico, incluyendo fotocopias o grabaciones, o por ningún sistema de almacenamiento y recuperación de información, o transmitida por correo electrónico sin permiso escrito del editor.

Si bien se ha hecho todo lo posible por verificar la información proporcionada en esta publicación, ni el autor ni el editor asumen responsabilidad alguna por los errores, omisiones o interpretaciones contrarias al tema aquí tratado.

Este libro es solo para fines de entretenimiento. Las opiniones expresadas son únicamente las del autor y no deben tomarse como instrucciones u órdenes de expertos. El lector es responsable de sus propias acciones.

La adhesión a todas las leyes y regulaciones aplicables, incluyendo las leyes internacionales, federales, estatales y locales que rigen la concesión de licencias profesionales, las prácticas comerciales, la publicidad y todos los demás aspectos de la realización de negocios en los EE. UU., Canadá, Reino Unido o cualquier otra jurisdicción es responsabilidad exclusiva del comprador o del lector.

Ni el autor ni el editor asumen responsabilidad alguna en nombre del comprador o lector de estos materiales. Cualquier desaire percibido de cualquier individuo u organización es puramente involuntario.

Su regalo gratuito

¡Gracias por descargar este libro! Si desea aprender más acerca de varios temas de espiritualidad, entonces únase a la comunidad de Mari Silva y obtenga el MP3 de meditación guiada para despertar su tercer ojo. Este MP3 de meditación guiada está diseñado para abrir y fortalecer el tercer ojo para que pueda experimentar un estado superior de conciencia.

https://livetolearn.lpages.co/mari-silva-third-eye-meditation-mp3-spanish/

¡O escanee el código QR!

Índice de contenidos

PRIMERA PARTE: ASTROLOGÍA KÁRMICA 1
  INTRODUCCIÓN 2
  CAPÍTULO 1: ASTROLOGÍA KÁRMICA BÁSICA 4
  CAPÍTULO 2: CÓMO LEER LA CARTA ASTRAL 14
  CAPÍTULO 3: SIGNOS Y ELEMENTOS DEL ZODÍACO 37
  CAPÍTULO 4: PLANETAS Y RETRÓGRADOS 48
  CAPÍTULO 5: FASES DE LA LUNA Y NODOS 57
  CAPÍTULO 6: CASAS ASTROLÓGICAS 69
  CAPÍTULO 7: ALINEARSE CON EL PROPÓSITO VITAL KÁRMICO 78
  CAPÍTULO 8: COMPRENDER E INTEGRAR LAS LECCIONES KÁRMICAS 86
  CAPÍTULO 9: PREDICCIONES ASTROLÓGICAS 95
  CAPÍTULO 10: REENCARNACIÓN: LA LEY DEL RETORNO KÁRMICO 102
  CONCLUSIÓN 111
SEGUNDA PARTE: ASTROLOGÍA ESPIRITUAL 113
  INTRODUCCIÓN 114
  CAPÍTULO 1: ASTROLOGÍA ESPIRITUAL 101 116
  CAPÍTULO 2: SIGNOS SOLARES - PERSONALIDAD 123
  CAPÍTULO 3: SIGNOS SOLARES - COMPATIBILIDAD 147
  CAPÍTULO 4: LOS SIGNOS SOLARES EN EL TRABAJO 155
  CAPÍTULO 5: LAS CASAS DEL ZODÍACO Y SUS SIGNIFICADOS 169
  CAPÍTULO 6: COLOCACIONES PLANETARIAS 187

CAPÍTULO 7: LA INFLUENCIA DE LAS FASES LUNARES 202
CAPÍTULO 8: UNA GUÍA SOBRE LAS LLAMAS GEMELAS 216
CAPÍTULO 9: UNA GUÍA PARA LAS ALMAS GEMELAS 224
CAPÍTULO 10: BIENESTAR ESPIRITUAL 101 231
BONIFICACIÓN: GUÍA PARA RECARGAR SU BIENESTAR ESPIRITUAL 238
VEA MÁS LIBROS ESCRITOS POR MARI SILVA 240
SU REGALO GRATUITO 241
BIBLIOGRAFÍA 242
FUENTES DE IMÁGENES 247

Primera Parte: Astrología Kármica

La guía definitiva de la reencarnación, el karma, las casas astrológicas, los signos del Zodíaco y las fases lunares

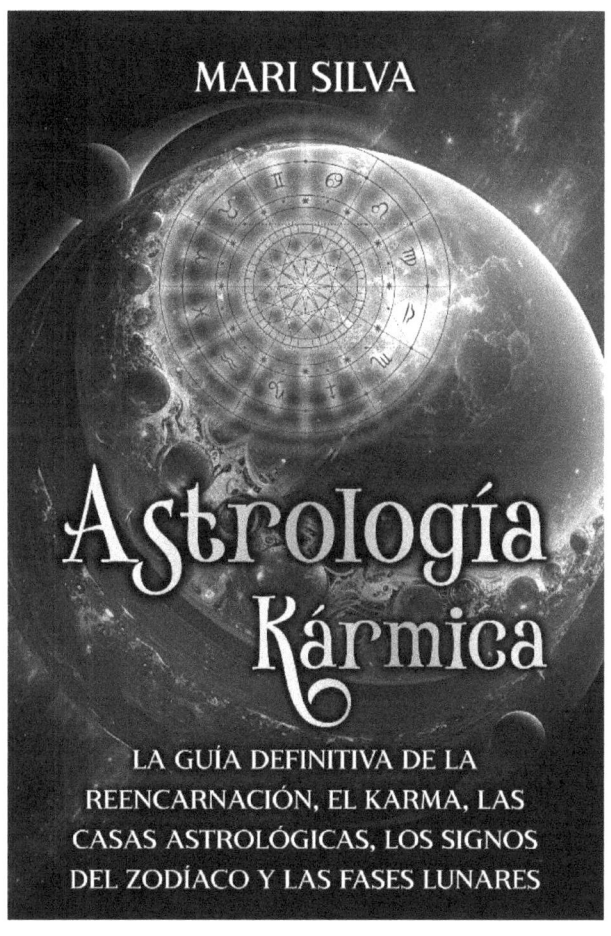

Introducción

Si observa a cualquier ser vivo, notará ciertos patrones que todos los seres vivos tienen. Hay algo común entre las diferentes especies e incluso dentro de versiones específicas de cada especie. El mundo e incluso el universo están hechos de patrones repetitivos, sistemas, procesos y estructuras. La astrología kármica es el estudio del universo que le concierne y de cómo influyen sobre uno las fuerzas universales. Más importante aún, hay un yin y un yang en todo, y cada acción tiene una reacción igual y opuesta, y existe una dualidad en el universo. A través de la astrología kármica, descubrirá cosas sobre usted mismo y sobre el mundo que le rodea que quizá no había comprendido o reconocido.

Sin embargo, cuando se habla de algo tan complejo como la existencia humana, su pasado o incluso el futuro, no se puede comprender con una simple explicación. Se presenta de forma concisa y sencilla al receptor, pero hay que hacer mucho trabajo de fondo para que la comprensión sea posible. Al igual que un avión parece muy simple cuando lo ve, pero no ve la ingeniería increíblemente compleja en el fondo necesaria para hacer de este producto una realidad.

Del mismo modo, la astrología kármica es una forma interesante de desentrañar secretos sobre su vida; sin embargo, no es tan sencilla como cree. A lo largo de este libro, veremos todos los aspectos más importantes de la astrología kármica, lo que significan y cómo utilizarlos en su beneficio. Con los conocimientos compartidos en este libro, usted podrá evaluar su carta natal y aplicar estos conocimientos a cualquier situación porque tiene a mano la información adecuada.

Ninguna parte de la comprensión de la astrología kármica es más o menos importante que la otra. Todo es importante, desde la lectura de la carta natal hasta la comprensión de las fases lunares y las casas astrológicas para hacer predicciones kármicas. Lo que marca la diferencia es cómo aplica esta información a su vida. Aunque sólo le interese aprender sobre usted mismo, debe ver las cosas en su conjunto para comprenderlas realmente. Toda la naturaleza está entrelazada a través del tejido del universo, por lo que comprender cualquier parte requiere comprender el todo.

A través de la información que se comparte en este libro, aprenderá a ver el panorama general y a encontrarse a usted mismo en este mar de conocimiento. Lleva tiempo dominar la astrología kármica, y hay mucho margen para el error. Cuanto más profunda sea su comprensión, más practicará y con más precisión descifrará cualquier situación. La astrología kármica tiene una historia de más de dos mil años. A lo largo del tiempo, esta ciencia ha evolucionado, mejorado y se ha expandido. El conocimiento de la astrología kármica que tenemos a nuestra disposición hoy en día es extremadamente denso y conciso, así que prepárese para pasar algún tiempo dándole vueltas a todo.

Este libro está estructurado específicamente para ayudar a las personas con conocimientos básicos de astrología kármica o sin conocimientos previos. Por lo tanto, le beneficiará enormemente recorrer este libro cronológicamente. Todo está interconectado, y el libro se ha estructurado para facilitar la comprensión de estos conceptos. Además, tenga en cuenta que se trata de predicciones y pronósticos. No se sorprenda si los resultados en el mundo real son variables.

Capítulo 1: Astrología kármica básica

«No existe una Astrología con A mayúscula. En cada época, la astrología del momento era un reflejo del tipo de orden que cada cultura veía en los movimientos celestes, o del tipo de relación que la cultura formulaba entre el cielo y la tierra». - Alexander Ruperti

La mayoría de la gente ha oído hablar de la astrología. Sin embargo, a menudo no se dan cuenta de que existen varias ramas de esta disciplina. Las tradiciones astrológicas difieren según la parte del mundo en la que se viva y lo que se espere obtener de una sesión con un astrólogo.

Por ejemplo, las personas que se inician en la astrología suelen empezar una sesión con alguien versado en astrología psicológica (también conocida como moderna) o que practica la astrología «tradicional occidental» (helenística, medieval, etc.). Sin embargo, para obtener una perspectiva diferente, también puede explorar la astrología evolutiva, que le ofrece una comprensión de su vida actual y pasada, o la astrología védica, destinada a personas que buscan incorporar sugerencias astrológicas a su vida cotidiana.

Los seguidores de la astrología suelen consultar a especialistas en astrología local, electoral, de las relaciones y horaria para tomar decisiones vitales clave. Por supuesto, éstas son sólo algunas de las opciones disponibles. Otra alternativa popular es la astrología kármica.

¿Qué es la astrología kármica?

Para comprender correctamente lo que representa la astrología kármica, primero debe entender el significado de las dos palabras que constituyen esta disciplina: «Karma» y «astrología».

El karma es un concepto que se encuentra en muchas religiones de todo el mundo, y son demasiadas para nombrarlas. Hay muchas traducciones de la palabra; sin embargo, puede pensar en el karma como sus acciones y el resultado de esas acciones.

La creencia teológica sostiene que el karma de una persona es una combinación de dos cosas: La acción que una persona emprende y la intención de la persona que realiza esa acción. Esto también se aplica a una acción que se planifica, pero nunca se lleva a cabo: puede afectar al karma general de una persona tanto como una acción llevada a cabo con éxito.

Crea karma positivo cuando sus intenciones son buenas o sus acciones son positivas. Si sus intenciones o acciones son malas, su karma se ve afectado negativamente. Esto significa que una persona puede hacer algo positivo, pero seguirá sufriendo mal karma si sus intenciones son malas. Al mismo tiempo, si sus intenciones son positivas, pero sus acciones resultan negativas, aún puede crear un buen karma para sí misma.

En algunas escuelas de teología hindú, el karma de una persona está intrínsecamente ligado a la idea del renacimiento. Por lo tanto, una persona con karma positivo tendrá una vida mejor en el renacimiento que alguien con karma negativo. En algunas escuelas de pensamiento, una persona que muere con karma negativo renacerá como un animal no humano, y cuanto peor sea su karma, menos significativo será el animal con el que renazca. Sin embargo, si muere con karma positivo, renacerá como un ser humano; cuanto mejor sea su karma, mejor será su posición en la próxima vida.

En otras escuelas de pensamiento, tener un karma positivo es uno de los requisitos para alcanzar la emancipación o *moksha*, es decir, liberarse del ciclo de muerte y renacimiento y alcanzar la verdadera iluminación. Además, el budismo y el jainismo tienen escuelas de pensamiento que ven el karma de forma diferente.

Sin embargo, la mayoría de las escuelas de pensamiento del hinduismo, el budismo y el jainismo presentan el tema de la causalidad, indicando esencialmente un sistema de causa y efecto. Si ocurre una acción, tendrá como resultado una reacción específica y predeterminada.

En el caso del karma, significa que las acciones de una persona afectan las vidas que vive, al igual que las intenciones que hay detrás. Específicamente, el karma sostiene que los hechos, o acciones, tienen efectos similares, por lo que ganar buen karma resultará bien para una persona, mientras que ganar mal karma resultará mal.

No siempre se especifica cuáles serán estos efectos, y puede que no se produzcan inmediatamente. Los efectos del karma podrían aparecer más adelante en la vida de una persona o en vidas futuras. Sin embargo, es esencial tener en cuenta que el karma no es un sistema de recompensa y castigo. Es más bien una ley que produce consecuencias.

La astrología se ocupa de cómo los cuerpos planetarios, como las estrellas, los planetas, el Sol y la Luna, influyen en las vidas humanas. Esta práctica se remonta al menos al segundo milenio a. C. y se practicaba en varias culturas antiguas, como los mayas, los hindúes, los chinos, los mesopotámicos, los antiguos griegos, los antiguos romanos y los árabes.

Como ya se ha mencionado, existen diversas variantes de la astrología, dependiendo de la tradición geográfica que se siga y de lo que se espere aprender de una sesión con un astrólogo. En general, existen tres ramas principales:

- **Astrología natal:** Es la rama en la que piensa la mayoría de la gente cuando oye la palabra astrología. Realiza predicciones y análisis basados en la fecha y hora de nacimiento de una persona. Suele consistir en trazar los patrones del cielo en el momento exacto del nacimiento (lo que se conoce como carta natal) y hacer predicciones basadas en esta información. También puede verse en la práctica popular de los horóscopos basados en el Zodíaco, ya que estas predicciones se basan en la fecha de nacimiento.

- **Astrología mundana:** Esta rama de la astrología busca hacer predicciones sobre asuntos más amplios, más allá de una sola persona. Por ejemplo, al hacer predicciones sobre la economía, las guerras y otros asuntos nacionales.

- **Astrología predictiva:** Al igual que la astrología natal, esta rama se centra generalmente en una sola persona. Sin embargo, la astrología natal hace predicciones sobre el curso de la vida de una persona. La astrología predictiva es más específica y hace predicciones sobre cuestiones concretas. Por ejemplo, ¿cuál es la mejor fecha para que una persona se mude de casa o la base astrológica de una enfermedad o dolencia concreta?

La astrología kármica está más alineada con la astrología natal, comparte algunas similitudes. Un término comúnmente utilizado en la astrología natal y kármica es el de casas.

Casas es el término utilizado para referirse a la carta natal de una persona. Una vez hecha la carta natal, se divide en doce secciones. Estas secciones se conocen como casas, y cada casa está regida por un signo zodiacal diferente. Cada casa también está relacionada con un área diferente de su vida, como las relaciones, la carrera, la comunicación, etc.

El signo que rige cada casa depende de la hora, la fecha y el lugar de nacimiento, y la forma en que un signo interactúa con una casa determinada afecta al análisis de la carta natal.

Comprender la astrología kármica

Ahora que entiende lo que son el karma y la astrología, es el momento de considerar la práctica de la astrología kármica.

Como se mencionó anteriormente, el karma implica creer que sus acciones tienen efectos positivos y negativos. Estos efectos no se ven de forma instantánea; algunos ni siquiera se producen en la vida actual, sino que se revelan en vidas futuras.

Aquí es donde entra en juego la astrología kármica.

Al igual que el karma, la astrología kármica cree que las circunstancias de su vida actual son el resultado de acciones pasadas y de los efectos de acciones no resueltas en una vida pasada. La astrología kármica ofrece la oportunidad de comprender el efecto de estas vidas pasadas.

Esta rama de la astrología cree que todo lo que hace y todo lo que le ocurre tiene una razón enraizada en el karma. Supongamos que quiere romper su ciclo actual de errores y avanzar. En ese caso, debe comprender el karma que afecta su vida. La astrología kármica puede ayudarle.

Por esta razón, la astrología kármica se conoce en ocasiones como astrología de vidas pasadas. Se ocupa de ayudar a las personas a identificar los problemas que tienen sus raíces en el karma de una vida pasada para que puedan seguir adelante. Cuando comprenda su karma actual, podrá tomar medidas para abordar el problema y arreglar su karma si es necesario.

¿En qué consiste la astrología kármica?

Aprenderá las complejidades de la astrología kármica en profundidad a lo largo de este libro. Sin embargo, para empezar, aquí tiene una comprensión básica de en qué se centra la astrología kármica.

Como se mencionó anteriormente, su carta natal está dividida en doce secciones o casas. Una sesión de astrología kármica comienza con la creación de su carta natal.

Cuando su astrólogo ha creado su carta natal, comienza el análisis. La astrología kármica se centra en tres de las doce casas: La 4ª, la 8ª y la 12ª, todas ellas asociadas al elemento agua.

- **Casa IV:** Es la casa del karma familiar. Al igual que su karma afecta su vida, también el karma de su familia. Esta casa describe el karma familiar con el que ha nacido, permitiéndole comprender qué hábitos o patrones familiares debe modificar para cambiar su karma.

- **Casa VIII:** Esta es la casa de su karma de pareja. Representa el karma de sus relaciones con personas ajenas a su familia. La interpretación de esta casa le ayudará a comprender asuntos emocionales reprimidos y patrones de relación que debería examinar más de cerca y tal vez reconsiderar.

- **Casa XII:** Esta es la casa del karma colectivo e irredento. Ayuda a comprender el impacto del servicio subconsciente, incluidas las acciones que no realizó intencionadamente.

El análisis de su carta natal también tendrá en cuenta la posición de los siguientes cuerpos planetarios:

- **Sol:** Ayuda a comprender el propósito de su vida según su karma, incluidos sus miedos, debilidades, etc.

- **Luna:** Simboliza el pasado kármico de una persona y los asuntos no resueltos que lleva consigo de sus vidas pasadas reflejados en su vida actual. La ubicación de la casa de la Luna puede mostrar negatividad en una vida anterior, en la que no fue todo lo bueno y sincero que podría haber sido. El resultado fue una experiencia desequilibrada en esa vida y es una preocupación que necesitará resolver a través de la astrología kármica en esta vida.

- **Saturno:** Otras formas de astrología ven a Saturno como un signo negativo y símbolo de problemas inminentes. En la astrología kármica, es el juez de su karma. Simboliza los tropiezos kármicos que encontrará y le ayudará a superarlos. Saturno es tan importante en la astrología kármica que a veces se le llama el «señor del karma».

Los otros dos cuerpos planetarios en los que se centra la astrología kármica son Rahu y Ketu. Se trata de cuerpos exclusivos de los textos hindúes. Rahu es una entidad en la sombra, considerada la entidad que causa los eclipses y rige los meteoros. Ketu se considera un planeta sombra.

En la astrología occidental, se conocen como los nodos lunares norte y sur. Estos puntos muestran la órbita de la Luna y la Tierra alrededor del Sol.

- **Rahu/Nodo norte:** Rahu representa su camino kármico y ayuda a identificar su meta kármica o misión de vida. Esta meta representa nuevos comienzos y no puede confiar en sus vidas y experiencias pasadas para ello.

- **Ketu/Nodo sur:** Ketu representa sus raíces kármicas y su ascendencia. Es, esencialmente, un talón de Aquiles y sirve como símbolo de problemas y karma pasados que desea resolver a través de su sesión de astrología kármica. Puede que no sea necesariamente negativo (el karma no es necesariamente negativo), pero es algo que necesita superar para avanzar y centrarse en vivir su vida presente.

Astrología kármica, deuda kármica y relaciones kármicas

Una lectura detallada de la astrología kármica puede ayudarle de muchas maneras. Una de las principales razones por las que la gente busca estas lecturas es para entender su deuda kármica.

La deuda kármica es esencialmente la deuda que acumuló en su vida pasada. Es el karma negativo que creó en una vida anterior y que todavía tiene que experimentar. Es algo que todavía tiene que pagar o deuda de una vida pasada.

Es esencial tener en cuenta que la deuda kármica no significa una gran catástrofe. Puede hacer frente a esta deuda de diversas maneras y seguir adelante. Cuando su astrólogo haya identificado cualquier deuda kármica que pueda tener, también le ayudará a superarla.

Otro tema que muchas personas tienen en mente cuando visitan a un astrólogo kármico son las relaciones kármicas.

Las relaciones kármicas implican a dos miembros de una relación y sus respectivos karmas. Como comprenderá ahora, cada miembro de la pareja aporta su propio karma a una relación generando un vínculo a través de su karma. De ello se deduce que los implicados anteriormente deben utilizar las relaciones actuales para aprender quiénes son y cómo deben actuar.

Una lectura centrada en una relación kármica implica resolver el problema kármico que une a las dos personas eliminando el karma negativo de uno o ambos miembros de la pareja. Estas relaciones suelen esfumaste una vez resuelto el karma que une a las dos mitades.

Es importante señalar que las personas que mantienen una relación kármica no tienen por qué tener una relación sentimental. Puede tratarse de cualquier relación, como la de un amigo, un compañero de trabajo, un padre o incluso una mascota.

¿Qué tan bueno es su karma?

Así que está interesado en explorar más a fondo la astrología kármica, pero no está seguro de cuál es su karma en este momento. Si se pregunta qué tan bueno es su karma, este cuestionario es para usted.

Simplemente responda cada pregunta con la verdad y calcule sus resultados basándose en las instrucciones al final del cuestionario.

1. Encuentra una cartera abandonada en el tren. Decide:
    a) Encontrar al propietario.
    b) Dejarla donde está, ya vendrá alguien a buscarla.
    c) Sacar dinero y devolver la cartera.
    d) Quedársela.
2. ¿Habla con personas sin hogar?
    a) Lo haría si fuera necesario.
    b) Quizás un «hola» al pasar.
    c) Me pondría un poco nervioso.
    d) Nunca.

3. **Le hace un favor a alguien.**
   a) Lo mantiene en secreto: lo hace por ellos, no por el reconocimiento.
   b) Lo hace conocido, pero resta importancia a sus esfuerzos: le gustaría un poco de reconocimiento, pero no le interesa ser el centro de atención.
   c) Se asegura de que la persona a la que ha ayudado lo sepa; al fin y al cabo, lo ha hecho usted, así que debería saberlo.
   d) Se asegura de que la persona a la que ayudó lo sepa: quiere asegurarse de que sepa que le devolverá el favor en el futuro.

4. **Se encuentra con un turista perdido y confundido en la calle. Usted:**
   a) Lo acompaña hasta su destino.
   b) Lo ofrece ayuda para orientarle.
   c) Lo ignora y pasa de largo.
   d) Lo señala con el dedo y se ríe de su situación con sus amigos.

5. **¿Devuelve los libros de la biblioteca a tiempo?**
   a) La mayoría de las veces los devuelvo a tiempo.
   b) Generalmente los devuelvo a tiempo, pero alguna vez me he retrasado.
   c) Intento devolverlos a tiempo, pero es difícil, y generalmente lo hago tarde.
   d) No recuerdo la última vez que devolví un libro de la biblioteca después de haberlo sacado.

6. **¿Hace trabajo voluntario?**
   a) Siempre que puedo.
   b) De vez en cuando, pero no tengo mucho tiempo libre.
   c) Me lo he planteado, pero he decidido no hacerlo.
   d) Nunca: tengo poco tiempo y necesito centrarme en ganar dinero.

7. ¿Recicla?
   a) Siempre.
   b) Todo lo que puedo, aunque de vez en cuando flojeo.
   c) Cuando es conveniente.
   d) Nunca.

8. Su mejor amigo está pasando por una ruptura importante. Usted
   a) Pasa tiempo con él, está a su lado y lo escucha el mayor tiempo posible.
   b) Pasa algún tiempo con él y lo invita a comer.
   c) Lo invita a salir un par de veces.
   d) Se ofrece a compartir unas copas.

9. ¿Aceptaría trabajar en una empresa con cuya misión no estuviera de acuerdo moralmente a cambio de un gran sueldo?
   a) No.
   b) Lo consideraría, pero necesitaría mucha más información.
   c) Donaría parte de mi sueldo, pero sí.
   d) Sí.

10. ¿Cree que la gente debería juzgar a los demás basándose en una sola acción?
    a) No.
    b) Depende de la acción en cuestión.
    c) Creo que está justificado juzgar a los demás por sus acciones.
    d) Sí: un acto ilegal siempre debería ser juzgado con toda severidad, independientemente de la situación personal.

Cuando haya hecho el cuestionario, cuente sus respuestas. Cuente cuántas de cada opción ha obtenido: cuántas a, cuántas b, etcétera. Determine qué opción tiene el número más alto.

Los que tienen más «a» tienen el mejor karma, mientras que los que tienen muchas «d» tienen que trabajar un poco para aumentar su karma positivo. Los que tienen más b y c tienen una mezcla de karma bueno y malo. Si tiene más b, se inclina hacia el karma positivo, mientras que los que tienen más c se inclinan hacia el karma negativo.

Ahora que conoce su karma, el siguiente paso es comprender con precisión cómo afecta a su lectura astrológica kármica. Los próximos capítulos tratarán este tema, ayudándole a comprender cómo leer su carta astral, a explorar la importancia de los signos y elementos, y a explicar los planetas, los retrógrados, las fases lunares y los nodos. Los próximos capítulos también le ayudarán a alinear su vida con su propósito de vida kármico y mucho más.

Si ha sentido curiosidad por conocer su karma y el papel que desempeña en su pasado y su futuro, está en el lugar adecuado. Este libro sobre astrología kármica le asegurará un conocimiento de todo lo importante sobre esta rama de la astrología para centrarse en utilizarla para mejorar su vida y la de los que le rodean. Todo lo que tiene que hacer es pasar la página y seguir leyendo, ya que el siguiente capítulo le ayudará a comprender cómo leer su carta astral y le explicará por qué es importante.

Capítulo 2: Cómo leer la carta astral

Probablemente haya oído hablar de los horóscopos más de una vez en su vida. Durante años, la gente ha utilizado patrones astrológicos para predecir diversas características de una persona. Entre ellas se incluyen la personalidad, el estado de ánimo, la suerte, la fortuna, el futuro y muchas otras. Las cartas natales también se conocen comúnmente como cartas natales o, en términos más sencillos, horóscopos. Estas cartas le ayudarán a conocer mejor su interior y su psique.

Carta natal[1]

La carta natal

Una carta astral es un mapa de la posición de los planetas en el momento del nacimiento, la situación, la relación o el viaje de una persona. En concreto, la carta natal de una persona predice su personalidad individual y los acontecimientos clave de su vida. Una carta astral utiliza constelaciones y posiciones planetarias para establecer un plan astrológico perspicaz y proporciona una hoja de ruta para tomar buenas decisiones en la vida. Las cartas natales ayudan a revelar las siguientes características de su vida:

- Patrones de comportamiento, saludables y tóxicos
- Sus puntos fuertes y débiles
- Compatibilidad de relaciones
- Lecciones kármicas

Para leer su carta astral específica, necesita conocer su fecha, hora y lugar de nacimiento. Es preferible conocer la hora exacta. Sin embargo, como esta información no siempre está disponible, utilice una estimación aproximada para leer su carta natal. La disposición habitual de una carta natal occidental consiste en tres ruedas o círculos divididos a partes iguales en doce secciones, que equivalen a las doce casas. Estas tres ruedas constan de tres componentes principales que deben observarse. Se trata de las doce casas, los diez planetas que residen en las doce casas y los doce signos del Zodíaco. A continuación, se muestra el aspecto de una carta astral genérica:

La rueda interior

El círculo interior representa la ubicación o las coordenadas exactas de su lugar de nacimiento. Está científicamente demostrado que la Tierra gira alrededor del Sol y no al revés. Sin embargo, la astrología se centra en la interacción del sistema solar con la Tierra. Podemos ver que el Sol se mueve alrededor de nuestro planeta y pasa por cada signo durante unos treinta días.

La rueda media

La rueda media consta de doce secciones que representan las doce casas astrológicas. Cada sección preside un área específica de su vida, incluyendo relaciones, carreras, riqueza, suerte, etc. Las casas parten del ascendente, situado en el centro izquierdo de su círculo, y se desplazan en el sentido contrario a las agujas del reloj. También es importante observar la posición del ascendente para identificar las doce casas.

Observe una línea horizontal que atraviesa el círculo interior hasta el círculo exterior. A la izquierda estará su ascendente, o el sol naciente que representa su personalidad mundana. Ésta es la personalidad que utiliza para interactuar con el resto del mundo, y determina cosas como su estilo, aspecto, temperamento, autoestima, etc. A la derecha se encuentra el descendente, que representa su personalidad en las distintas relaciones, románticas o de otro tipo.

A continuación, observe la línea vertical, o meridiano, que atraviesa el centro de la línea horizontal. En la parte inferior del meridiano se encuentra el Imum Coeli, que representa la persona interior de un individuo. Esta parte ayuda a identificar las raíces emocionales de la persona, los recuerdos del alma y cómo se comporta en privado. Por último, el Medio Cielo o Medium Coeli se encuentra en la parte superior del meridiano. Encarna su persona pública, ayudándole a identificar su trayectoria profesional y sus ambiciones y cómo puede cumplirlas para alcanzar su verdadero potencial.

Las doce secciones

Las doce secciones están formadas por las doce casas, como se ha explicado anteriormente. Estos planetas existen dentro de diferentes casas, lo que ofrece una valiosa visión de su personalidad y de cómo interactúa con el mundo. Estas casas proporcionan una hoja de ruta para comprender su pasado, presente y futuro. A medida que los planetas se mueven dentro de estas regiones, se producen distintos acontecimientos y cambios (físicos y mentales).

Para interpretar su carta astral, primero debe observar la ubicación de los planetas en cada casa. Curiosamente, una casa puede tener varios planetas mientras que otras están vacías. Por lo tanto, no se confunda, ya que es perfectamente normal que los planetas y las estrellas se agrupen en el momento del nacimiento de una persona. Las casas vacías no significan que haya una deficiencia. Sin embargo, la presencia de varios planetas en una casa exige una interpretación exhaustiva.

Para ello, es necesario comprender las funciones de cada planeta y casa y, a continuación, relacionarlos con los signos del zodíaco para obtener una imagen completa.

La rueda exterior

Como concepto importante que ordena los doce signos del zodíaco -todos los cuales reciben su nombre de grupos de estrellas-, la rueda exterior está formada por los signos del zodíaco que reciben su nombre de constelaciones estelares. Cada signo consta de una cualidad o personalidad individual. Estos rasgos son los que distinguen a los signos del zodíaco entre sí. Estos signos coincidirán con diferentes casas y crearán la interpretación final de su carta natal. Aquí tiene una lista sencilla de los signos del zodíaco y sus rasgos de personalidad.

Signo del Zodíaco	Planeta regent	Fechas	Glifo	Rasgos
Aries	Marte	20 de marzo - 19 de abril	♈	Pionero, guerrero, atrevido
Tauro	Venus	20 de abril - 20 de mayo	♉	Constructor, manifestador
Géminis	Mercurio	21 de mayo - 21 de junio	♊	Trabajador en red, comunicador
Cáncer	Luna	22 de junio - 22 de julio	♋	Criador, maternal
Leo	Sol	23 julio - 22 agosto	♌	Ejecutante, líder
Virgo	Mercurio	23 agosto - 22 septiembre	♍	Sanador, servidor, humilde
Libra	Venus	23 septiembre - 23 octubre	♎	Diplomático, delegador
Escorpio	Plutón, Marte	24 oct - 21 nov	♏	Psicólogo, transformador

Signo del Zodíaco	Planeta regent	Fechas	Glifo	Rasgos
Sagitario	Júpiter	22 nov - 21 dic	♐	Explorador, filósofo
Capricornio	Saturno	22 dic - 19 ene	♑	Oportuno, determinado
Acuario	Urano, Saturno	20 ene - 18 feb	♒	Reformador, humanitario
Piscis	Neptuno, Júpiter	19 febrero - 20 marzo	♓	Soñador, compasivo

Los planetas

En la lectura de la carta astral nos fijamos en un total de diez planetas. Cada uno de ellos está situado en una casa diferente, dependiendo de la fecha y el lugar de nacimiento. La energía de estos planetas influye significativamente en nuestras vidas. Sin embargo, lo que realmente hacemos con estas energías decide en última instancia nuestro destino. Entre estos planetas se encuentran las dos luminarias, el Sol y la Luna. Luego tenemos a Marte, Venus, Júpiter, Saturno, Mercurio, Urano, Neptuno y Plutón. Estos planetas se clasifican en:

Planeta	Glifo	Signo del Zodíaco	Casa	Descripción
Sol	☉	Leo	5ª	Identidad única, potencial creativo
Luna	☽	Cáncer	4ª	Emociones, sentimientos nutritivos
Mercurio	☿	Géminis, Virgo	3ª y 6ª	Comunicación, pensamientos racionales

Planeta	Glifo	Signo del Zodíaco	Casa	Descripción
Marte	♂	Aries, Escorpio	1ª y 8ª	Motivación, energía, sexualidad
Venus	♀	Tauro, Libra	2ª y 7ª	Belleza y arte, amor y relaciones
Júpiter	♃	Sagitario, Piscis	9º y 12	Filosófico, búsqueda de respuestas
Saturno	♄	Capricornio, Acuario	10º y 11	Lecciones kármicas, restricciones temporales
Urano	♅	Acuario	11º	Sentimientos rebeldes, revolucionarios
Neptuno	♆	Piscis	12º	Cambio, despertar espiritual
Plutón	♇	Escorpio	8º	Transformación, regeneración, destrucción

Las doce casas

Cada una de las doce casas representa un aspecto de su vida y debe ser comprendida en detalle. Profundizaremos en las doce casas en los próximos capítulos. Por el momento, en esta tabla podrá hacerse una idea general de lo que representa cada casa.

Casa	Gobierna	Características
Casa 1	Uno mismo	Apariencia, personalidad externa
Casa 2	Posesiones	Dinero, posesiones, valores, habilidades
Casa 3	Comunicación	Proceso de pensamiento mental,

Casa	Gobierna	Características
		comunicación, hermanos
Casa 4	Familia y hogar	Hogar, padres, raíces, seguridad interior
Casa 5	Placer	Romance, hijos, creatividad, diversión
Casa 6	Salud	Trabajo, salud, superación personal
Casa 7	Parejas	Matrimonio y otras relaciones
Casa 8	Sexo	Sexo, muerte, regeneración, compartir
Casa 9	Filosofía	Estudios superiores, filosofía, religión, viajes, derecho
Casa 10	Condición social	Carrera, estatus, reputación, propósito profesional
Casa 11	Amistades	Amigos, grupos, metas, aspiraciones
Casa 12	Subconsciente	Soledad, trascendencia, instituciones, autosabotaje

Cómo interpretar su carta astral

Cuando conozca los distintos signos del zodíaco, los planetas y las casas, es hora de interpretar su carta astral En primer lugar, genere su carta astral utilizando una fuente en línea, o dibújela si es un experto. A continuación, tenga en cuenta el signo zodiacal y la casa en la que se encuentra cada planeta. No intente leer todos los planetas a la vez. Primero, limítese a un solo planeta e identifique la casa en la que está presente y su signo zodiacal asociado. Una vez hecho esto, enumérelos e interprételos según las siguientes funciones:

Planetas - Representan lo que le impulsa, lo que disfruta

Casas - Representan dónde debe esperar el crecimiento o el cambio

Zodíacos - Representan la forma de realizar una tarea

Por ejemplo, supongamos que su carta astral tiene a Urano en Aries, en la cuarta casa. Anótelo y consulte las tablas y los datos que ha aprendido más arriba. A partir de ahí, podemos concluir:

Planeta - Urano (Capacidad de aprender, crecer, revolucionar)

Casa - Cuarta Casa (Hogar y familia)

Zodíaco - Aries (apasionado, ambicioso, fuerte)

A partir de esta información, podemos interpretar que es muy apasionado por su familia y su hogar, y que aprende y crece sobre todo a través de sus seres queridos. Su bienestar emocional está relacionado principalmente con sus raíces, por lo que su felicidad depende de su familia.

Ejercicio: Intente interpretar;

Aquí tiene un ejemplo de carta astral para que pruebe a interpretar los diferentes significados y percepciones.

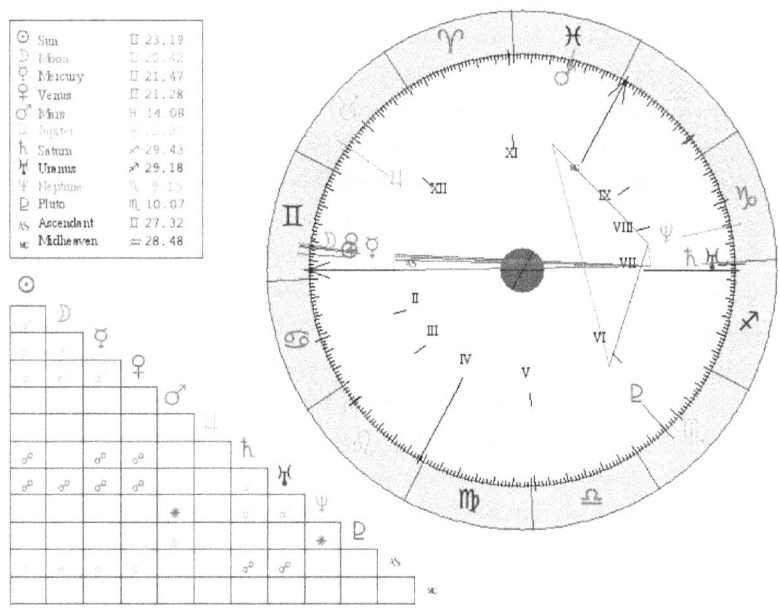

Carta natal y sus interpretaciones[2]

Casa 1

Planeta _____
Casa _____
Zodíaco _____
Interpretación _____
_____
_____

Planeta _____
Casa _____
Zodíaco _____
Interpretación _____
_____
_____

Casa 2

Planeta _____
Casa _____
Zodíaco _____
Interpretación _____
_____
_____

Casa 4

Planeta _____
Casa _____
Zodíaco _____

Interpretación _____
_____
_____

Planeta _____
Casa _____
Zodíaco _____
Interpretación _____
_____
_____

Casa 8
Planeta _____
Casa _____
Zodíaco _____
Interpretación _____
_____
_____

Planeta _____
Casa _____
Zodíaco _____
Interpretación _____
_____
_____

Casa 9

Planeta _____
Casa _____
Zodíaco _____
Interpretación _____
_____
_____

Casa 10

Planeta _____
Casa _____
Zodíaco _____
Interpretación _____
_____
_____

Casa 11

Planeta _____
Casa _____
Zodíaco _____
Interpretación _____
_____
_____

Casa 12

Planeta _____

Casa _____

Zodíaco _____

Interpretación _____

_____

_____

Hojas de trabajo

Ahora, genere cartas natales y utilice las siguientes hojas de trabajo para interpretar su carta natal o la de sus amigos y seres queridos.

Casa 1

Planeta _____

Casa _____

Zodíaco _____

Interpretación _____

_____

_____

Planeta _____

Casa _____

Zodíaco _____

Interpretación _____

_____

_____

Casa 2

Planeta _____

Casa _____

Zodíaco _____

Interpretación _____

_____

_____

Planeta _____

Casa _____

Zodíaco _____

Interpretación _____

_____

_____

Casa 3

Planeta _____

Casa _____

Zodíaco _____

Interpretación _____

_____

_____

Planeta _____

Casa _____

Zodíaco _____

Interpretación _____

_____

_____

Casa 4

Planeta _____

Casa _____

Zodíaco _____

Interpretación _____

_____

_____

Planeta _____

Casa _____

Zodíaco _____

Interpretación _____

_____

_____

Casa 5

Planeta _____

Casa _____

Zodíaco _____

Interpretación _____

_____

_____

Casa 6

Planeta _____

Casa _____

Zodíaco _____

Interpretación _____
_____
_____

Casa 7

Planeta _____
Casa _____
Zodíaco _____
Interpretación _____
_____
_____

Planeta _____
Casa _____
Zodíaco _____
Interpretación _____
_____
_____

Casa 8

Planeta _____
Casa _____
Zodíaco _____
Interpretación _____
_____
_____

Planeta   _____
Casa   _____
Zodíaco   _____
Interpretación _____
_____
_____

   Casa 9
Planeta   _____
Casa   _____
Zodíaco   _____
Interpretación _____
_____
_____

Planeta   _____
Casa   _____
Zodíaco   _____
Interpretación _____
_____
_____

   Casa 10
Planeta   _____
Casa   _____
Zodíaco   _____

Interpretación _____
_____
_____

Planeta _____
Casa _____
Zodíaco _____
Interpretación _____
_____
_____

Casa 11
Planeta _____
Casa _____
Zodíaco _____
Interpretación _____
_____
_____

Planeta _____
Casa _____
Zodíaco _____
Interpretación _____
_____
_____

Casa 12

Planeta _____

Casa _____

Zodíaco _____

Interpretación _____

_____

_____

Planeta _____

Casa _____

Zodíaco _____

Interpretación _____

_____

_____

CLAVE

(Para la interpretación del primer y último planeta en la carta natal del ejercicio)

Signo ascendente (28 grados Sagitario)

Aunque puede tener mala fama por su indiscreción y franqueza, en realidad es bastante abierto, honesto y extrovertido. Nadie debería tomar nada de lo que diga como algo personal, porque no tiene mala intención. Le gusta vivir su vida con franqueza, pero considera que las sutilezas sociales son un obstáculo para la verdadera comunicación. Posee mucha energía y se inquieta si se le restringe. Le gusta la libertad, no la ansiedad y la sensación de estar atrapado. Le gusta la vida al aire libre, donde puede expresar su libertad y energía, por lo que disfruta los deportes y la vida social, y animará cualquier reunión.

Planeta 1 - Marte (ambicioso, valiente, enérgico)

Casa - Primera Casa (autoestima, identidad única)

Zodíaco - Capricornio (decidido, oportuno)

Interpretación: Extremadamente ambicioso, está dispuesto a trabajar muy duro para alcanzar sus objetivos. Es muy práctico, cauto y conservador. Exige resultados concretos con su esfuerzo y consigue destacar en todo lo que se propone. Posee un gran sentido de la responsabilidad y autodisciplina. Sin embargo, asegúrese de no juzgar a los demás.

Planeta 11 - Plutón (transformación, renacimiento, regeneración)

Casa - Casa 12 (subconsciente, trascendencia)

Zodíaco - Sagitario (explorador, filósofo)

Interpretación: Las creencias y tótems más preciados de la sociedad cambiarán radicalmente para toda su generación. Muchos conceptos tradicionales se verán totalmente alterados, si no destruidos por completo. Se reafirmarán los derechos de los individuos a seguir su propio curso en la vida.

Signo ascendente (Sagitario)

Es una persona de personalidad abierta, conocida por su franqueza y honestidad. Sin embargo, a veces puede ser brusco e insensible, lo que suele ofender a la gente. Las personas cercanas a esta persona han aprendido a no tomar todo lo que dice como algo personal debido a su naturaleza indiscreta. Esta persona aprecia las cosas sencillas de la vida y considera que las formalidades sociales y las sutilezas son obstáculos para una comunicación real y eficaz. Por lo tanto, esta persona prefiere ser directa y sencilla a optar por un enfoque formal en una conversación.

Esta persona tiene mucha energía contenida y, si no la disipa de alguna manera, puede volverse inquieta y sentirse confinada. Además, esta persona adora la vida al aire libre y exige libertad, ya sea de expresión o para hacer lo que quiera. El hecho de que no se adapte a las convenciones sociales no le hace menos sociable; su espíritu vivo y su entusiasmo le hacen muy popular en las reuniones sociales.

Casa uno

Planeta - Marte (ambicioso, valiente, enérgico)

Casa - Primera Casa (autoestima, identidad única)

Zodíaco - Capricornio (decidido, oportuno)

Interpretación: El planeta regente es Marte, y esta persona es extremadamente ambiciosa en cuanto a sus metas y objetivos. Hará todo lo necesario para alcanzar las metas que se ha fijado. El zodíaco Capricornio añade un rasgo de determinación a su personalidad. Esta persona es muy práctica con sus objetivos y exige resultados tangibles dentro de unos límites de tiempo. Es muy responsable, se dedica a sus objetivos y tiene un agudo sentido de la autodisciplina que le permite tener éxito en sus tareas. Sin embargo, esta persona tiende a juzgar a los demás por su estatus y prestigio y siempre ve a los demás como competencia.

Planeta - Neptuno (amante del cambio, espiritualmente despierto)

Casa - Primera casa (autoestima, identidad única)

Zodíaco - Acuario (reformador, humanitario)

Interpretación: Como reformador, amante del cambio, esta persona idealizará la capacidad de analizar objetivamente cualquier situación. Trabajará en muchas causas humanitarias para curar a la sociedad de sus muchos defectos e injusticias que tienen lugar cada día. Sin embargo, tendrá que tener mucho cuidado cuando trabaje por el cambio y por los derechos de las personas en medio de una sociedad que cambia rápidamente.

Casa dos

Planeta - Urano (rebelde, revolucionario)

Casa - Segunda casa (dinero, posesiones, valores, habilidades)

Zodíaco - Acuario (reformador, humanitario)

Interpretación: Reformador de corazón, a esta persona le gusta provocar cambios positivos a su alrededor. Ya sea para sus amigos, compañeros o la sociedad en general, el cambio positivo impulsa a esta persona. Están dispuestos a dedicar su tiempo, esfuerzo, dinero, habilidades y energía a un propósito. Sin embargo, debido a su personalidad humanitaria, a menudo pueden acabar descuidando sus relaciones personales.

Casa cuatro

Planeta - Júpiter (filosófico, en busca de respuestas)

Casa - Cuarta casa (hogar, padres, raíces)

Zodíaco - Aries (pionero, guerrero)

Interpretación: Esta persona es conocida por ser un individualista intransigente que crece y se desarrolla filosóficamente y necesita explorar sus talentos y habilidades ocultos. Centrados principalmente en sus raíces y su familia, son pioneros y guerreros cuando luchan por sus familias. Se enorgullecen de sus logros. Sin embargo, pueden volverse egocéntricos e ignorar a veces las necesidades de las personas que les rodean.

Planeta - Saturno (lecciones kármicas, limitaciones temporales)

Casa - Cuarta casa (hogar, padres, raíces)

Zodíaco - Tauro (constructor, manifestador)

Interpretación: Con personalidad de constructor, esta persona necesita un orden adecuado en su vida y sentirse estable y seguir. Aunque desea ver cambios a su alrededor, no está del todo abierto a adaptarse a situaciones nuevas e impredecibles. Suelen experimentar lecciones kármicas y siempre aprenden de ellas. Sin embargo, su miedo constante a lo desconocido les hace parecer retraídos y ansiosos. Por eso, es importante que se rodeen de personas que les apoyen para ser más estables emocionalmente y autosuficientes.

Casa ocho

Planeta - Nodo norte

Casa - Octava casa (sexo, muerte, regeneración, compartir)

Zodíaco - Leo (artista, líder)

Interpretación: Considerado un líder natural, esta persona no rehúye la oportunidad de guiar a los demás hacia la consecución de sus objetivos. Disfruta organizando y delegando actividades de grupo. Debido a su personalidad entusiasta y fuerte, los demás escuchan sus sugerencias y las ponen en práctica en su trabajo. A diferencia de la mayoría de los líderes, no son condescendientes ni excesivamente dominantes en sus interacciones. Esta persona también tiene una gran personalidad que llama la atención y disfruta siendo el centro de atención siempre que hay una gran reunión. La gente suele querer a esta persona siempre que no se vuelva arrogante o egocéntrica.

Planeta - Luna (emociones, sentimientos nutritivos)

Casa - Octava casa (sexo, muerte, regeneración, compartir)

Zodíaco - Virgo (sanador, servidor, humilde)

Interpretación: Esta persona tiene una mentalidad seria y alegre al mismo tiempo. Tienen un sentido del humor estelar, una personalidad entusiasta y una mente centrada. Prefieren tareas que les ayuden a mantenerse ocupados mental y físicamente. Esta persona se considera una trabajadora cuidadosa y se desvivirá por ayudar a los demás sin ser nunca un esnob. Sus rasgos más destacados son el sentido práctico, la fiabilidad, la eficacia y el entusiasmo. A veces se les considera mojigatos, pero son totalmente devotos y cariñosos con sus seres queridos.

Casa Nueve

Planeta - Venus (belleza y arte, amor y relaciones)

Casa - Novena casa (educación superior, filosofía, religión, viajes, leyes)

Zodíaco - Virgo (sanador, servidor, humilde)

Interpretación: Esta persona expresa su amor y afecto sirviendo a la gente desinteresadamente. A menudo dudan de su autoestima y tienen problemas de baja autoestima en las relaciones. Esto debe evitarse, y deben aprender a amarse a sí mismos, tal como son, y luego buscar otras relaciones. Sus estándares de amor y perfección son muy altos, y a menudo se sienten atraídos por personas por un sentido del deber o la responsabilidad en lugar de un interés genuino. Además, a veces pueden ser superficiales consigo mismos y con los demás, lo que les lleva a distanciarse de cualquier persona a la que empiecen a acercarse.

Casa diez

Planeta - Sol (identidad única, potencial creativo)

Casa – Casa diez (carrera, estatus, reputación, propósito vocacional)

Zodíaco - Escorpio (psicólogo, transformador)

Interpretación: Aunque prefiere un enfoque directo en la vida, esta persona es en realidad muy compleja e intensa por naturaleza. Sus emociones en situaciones críticas son muy fuertes. Sin embargo, les resulta muy difícil expresar sus emociones con detalle y prefieren un enfoque simplista. Esta persona puede ser sociable y popular, pero necesita tiempo a solas para recargar las pilas y procesar sus emociones en paz. Suelen ser tranquilos y serenos, pero no perdonan cuando se enfadan. Tienen un gran potencial creativo y se toman muy en serio su carrera. Son conocidos por ser voluntariosos, tenaces y apasionados con sus carreras y reputación.

Casa once

Planeta - Mercurio (comunicación, pensamientos racionales)

Casa - Undécima casa (amigos, grupos, metas, aspiraciones)

Zodíaco - Sagitario (explorador, filósofo)

Interpretación: Tienen una mente exploradora, curiosa e inquisitiva y siempre buscan respuestas racionales y explicaciones lógicas. Se interesan por temas amplios, ya sea la filosofía, la ciencia o la religión. Sus aspiraciones residen en los detalles abstractos asociados a cualquier tema, y suelen centrarse en los pequeños detalles.

Casa doce

Planeta - Plutón (transformación, regeneración, destrucción)

Casa - Casa doce (soledad, trascendencia, instituciones, autosabotaje)

Zodíaco - Sagitario (explorador, filósofo)

Interpretación: Cuando trabajen por el cambio y la transformación, verán que sus esfuerzos regeneran con éxito las creencias más preciadas de la sociedad y cambian radicalmente conceptos fundamentales. Reafirmarán los derechos de los individuos a seguir su propio curso en la vida y a explorar diferentes filosofías.

Capítulo 3: Signos y elementos del zodíaco

El término zodíaco en astronomía o astrología define una banda en el cielo por la que pasan el Sol, la Luna y otros planetas, vistos desde la Tierra. El zodíaco consta de varias constelaciones, y el Sol u otros cuerpos celestes se mueven a través de estas constelaciones con el tiempo. Los antiguos griegos y romanos dividían estas constelaciones en signos del Zodíaco y creían que la posición de los cuerpos celestes podía predecir acontecimientos futuros. De ahí surgió el concepto de zodíaco astronómico y sus significados asociados.

Los símbolos signos[9]

A cada individuo se le asigna un signo zodiacal en función de la constelación en la que se encontraba el Sol cuando nació. Los astrólogos creen que estos signos del Zodíaco predicen muchas cosas sobre una persona, desde sus gustos y aversiones hasta su personalidad y posiblemente incluso algunos aspectos de su futuro. Como se ha comentado en el capítulo anterior, estas predicciones se realizan mediante una carta astral. Además, es importante conocer los diferentes signos del Zodíaco y lo que transmiten sobre una persona. En este capítulo se detallarán los doce signos del Zodíaco, a qué elementos están asociados y las cualidades de cada signo.

Signos del Zodíaco

1. Aries

Las personas cuyo signo zodiacal es Aries suelen ser ambiciosas, motivadas y testarudas. Esta ferocidad se debe a que Marte es el planeta que rige este signo del Zodíaco. Ingeniosos y bromistas, los Aries son buenos en las redes sociales y persuasivos con casi todo el mundo que les rodea. Aunque se enfadan con facilidad, también es fácil calmarlos. Empezarán cualquier proyecto con entusiasmo y motivación, pero a menudo se encuentran dispersos y desviados.

La personalidad de Aries tiene aspectos positivos y negativos. Los Aries tienen una personalidad fuerte, no se desaniman fácilmente por pequeños contratiempos. Tienen unas ganas de vivir únicas y muestran un espíritu activo y enérgico. Sin embargo, pueden ser insensibles cuando se comunican en una situación conflictiva.

2. Tauro

Una característica dominante de este signo es su fuerza y su firme voluntad. El planeta asociado, Venus, hace que estos individuos sean aún más emocionales. Tercos y poco dispuestos a cambiar, los Tauro son algo rígidos. Sin embargo, su naturaleza empática hace que merezcan la pena. La lógica y el razonamiento no les afectan demasiado, pero las emociones y los sentimientos les persuaden más fácilmente.

Los Tauro son oportunistas, por lo que se dejan llevar por lo que les sale al paso en lugar de buscar oportunidades, lo que a menudo limita su éxito. Sin embargo, cuando tienen dinero, son muy generosos con él, especialmente con sus amigos y seres queridos. El lado positivo de Tauro es que son honestos y francos en todos sus tratos debido a su naturaleza empática. Sin embargo, a menudo les cuesta confiar plenamente en la gente y desconfían de todos los que les rodean.

3. Géminis

A diferencia del zodíaco anterior, la característica clave de Géminis es la adaptabilidad y la flexibilidad. La disposición al cambio en Géminis es realmente notable, lo que les ayuda a tomar decisiones instantáneas. El planeta regente, Mercurio, refuerza aún más este rasgo en Géminis, lo que se traduce en un enfoque de «actúa ahora y explica después». Este enfoque suele ser útil en situaciones complicadas en el trabajo o en el campo. Los Géminis son imaginativos, generosos y humildes con los que les rodean.

Su frecuente necesidad de cambio hace imposible que las condiciones existentes les satisfagan. El lado positivo de los Géminis se observa en su ingenio rápido, su mentalidad abierta y su naturaleza intelectual. La creatividad y la innovación surgen de forma natural en sus mentes. Sin embargo, debido a la naturaleza siempre cambiante de sus ideas, a menudo hacen varias cosas a la vez y terminan desviándose y sin terminar nada.

4. Cáncer

El planeta regente de este signo es la Luna y, al igual que ella, el zodíaco se asocia con mareas cambiantes y cambios de personalidad. Estos individuos se aferran a las tradiciones y la cultura, pero se mantienen al día con los tiempos cambiantes. Esta naturaleza contradictoria puede asociarse a la naturaleza fluida de la Luna. A los Cáncer les encanta estar con su familia y pasar tiempo en la comodidad de su hogar, pero también les encanta viajar a nuevos lugares. Las personas de este Zodíaco son muy sensibles, pero no lo demuestran a la gente que les rodea. Detestan las discusiones y prefieren evitar los conflictos antes que enfrentarse a ellos. Tampoco se les da bien recibir críticas y a menudo se las toman a pecho.

La ventaja de ser muy sensibles es que son extremadamente compasivos con la gente que les rodea. No soportan ver a los demás heridos, sobre todo por su culpa. Los Cáncer suelen resignarse al destino cuando ya no pueden soportar más dificultades. Se esconderán en su caparazón y carecerán de iniciativa para hacer cosas que requieran que se salgan de su camino. Este rasgo obstaculiza especialmente su camino hacia el éxito.

5. Leo

Los Leo tienen una personalidad poderosa y dominante y se les considera líderes natos. El planeta regente es el Sol, que da a los Leo la luz para brillar intensamente. Los Leo son ambiciosos e idealistas, lo que les hace susceptibles al fracaso por sus defectos. Son altivos e intelectuales. Sin embargo, también suelen ser prepotentes, lo que les lleva a cometer errores por exceso de confianza.

Su naturaleza impulsiva les convierte en blanco fácil de pequeños fracasos en las tareas cotidianas, pero son lo suficientemente valientes como para levantarse e intentarlo de nuevo. Su actitud magnética atrae a la gente y su personalidad encantadora les conquista fácilmente. Los Leo son optimistas, enérgicos y generosos. Nunca verá a un Leo ser tacaño cuando trata a los demás. Sin embargo, pueden ser un poco arrogantes en cuanto a su posición y poder, y a menudo maltratan a los demás. El egocentrismo es un rasgo común entre los Leo.

6. Virgo

Los Virgo son analizadores de temas profundos e interesantes y suelen ser las mentes más intelectuales de todo el zodíaco. El planeta regente, Mercurio, hace que sus decisiones sean más impulsivas, lo que suele ser una debilidad para sus mentes capaces. Su capacidad de persuasión es de las mejores y convence incluso a las personas más obstinadas. Sus mentes inquisitivas no les dejan descansar hasta que tienen todas las respuestas que buscan.

Se les da bien analizar una situación extrayendo información de las personas y haciendo suposiciones precisas sobre cualquier información que falte para crear una imagen clara. A diferencia de otros signos del Zodíaco, los Virgo son constantes con su trabajo y siempre terminan sus tareas casi a la perfección. Sin embargo, esta cualidad también pone de manifiesto algunas malas cualidades de su personalidad. Piensan que su trabajo es superior al de los demás y a veces son demasiado críticos con sus compañeros de trabajo.

7. Libra

Los Libra son muy amables y toman decisiones justas en lo que respecta a sus amistades y relaciones. Intentan mantener el equilibrio y promover la buena voluntad, la paz y la amistad, aunque tengan que desviarse de su camino para conseguirlo. Su planeta regente, Venus, hace que se sientan atraídos por la belleza y el arte. Su naturaleza simpática les hace imposible decir que no a un amigo o familiar necesitado. Incluso defenderían a un desconocido si pensaran que está siendo maltratado.

Su intuición es especialmente fuerte, lo que les ayuda a olfatear cualquier engaño o desinformación que puedan presentar los demás. Sin embargo, en su afán por que todo esté bien y equilibrado, a menudo son poco sinceros y mienten para evitar cualquier desequilibrio en la relación. Esto podría significar que ceden fácilmente en las discusiones, aunque sepan que tienen razón para no agravar más la situación.

8. Escorpio

Los Escorpio son individuos intrépidos, seguros de sí mismos y guiados por su autocontrol y audacia. Su planeta regente, Marte, sólo añade combustible a los ya apasionados Escorpio y les da la voluntad de enfrentarse a cualquier reto y obstáculo que se les presente. Los Escorpio son reservados, sensibles y muy observadores. Sin embargo, cuando se despiertan para pasar a la acción, nada puede interponerse en su camino hacia el éxito.

Cuando trabajan para otros, llegan muy alto, pero a menudo pueden volverse dominantes y agresivos, lo que provoca su caída final. Es su mayor debilidad. Los Escorpio son luchadores natos si se les presenta la oportunidad. Sin embargo, pueden mostrarse hipersensibles en muchas situaciones y presumir de sí mismos para hacer frente al abandono de sus seres queridos. Otra debilidad es que no controlan su temperamento y se enfadan con facilidad.

9. Sagitario

Los Sagitario son muy trabajadores y dan lo mejor de sí mismos cuando trabajan en un proyecto. Sin embargo, les cuesta concentrarse en proyectos de importancia inmediata. De su planeta regente, Júpiter, obtienen una personalidad alegre, jovial y vibrante que combinan con su entusiasmo y trabajo duro para conseguir la puntuación perfecta. Sin embargo, los Sagitario suelen trabajar en exceso y luchar contra la ansiedad a lo largo de sus proyectos. Por lo tanto, deben centrarse principalmente en proyectos gratificantes que hagan que sus luchas merezcan la pena. Los Sagitario son las personas más simpáticas y desenvueltas de todo el zodíaco. Una gran debilidad de los Sagitario es su mala gestión financiera. A menudo se sienten atraídos por el juego y otros vicios.

10. Capricornio

Este signo produce pensadores profundos, filosóficos y eruditos. Su intelecto también les ayuda a aplicar sus conocimientos a la vida práctica.

Cuando trabajan en algo concreto, son deliberados y tranquilos. A diferencia de muchos signos del zodíaco impulsivos, los Capricornio muestran impulso y pasión por el conocimiento, pero lo abordan de forma erudita. Los Capricornio tienden a ser solitarios y prefieren la soledad para completar sus tareas. Sin embargo, este rasgo hace que a veces se sientan solos. Son caritativos, generosos y humildes con las personas que merecen ayuda. Para los amigos, los Capricornio son los más leales y dignos de confianza de todos los zodíacos. A veces, también pueden mostrarse demasiado mandones y alejar a la gente. También pueden ser excesivamente críticos con los demás y ofender a la gente cuando trabajan juntos.

11. Acuario

Los Acuario se dedican sobre todo a causas humanitarias y buscan hacer la vida más fácil a la gente. Asumen grandes misiones para ayudar a la gente y tienen una actitud amistosa, lo que les hace buenos amigos. Su planeta regente, Saturno, les proporciona la energía y la fuerza de voluntad necesarias para completar sus tareas con tranquila determinación. También son solitarios, pero a diferencia de los Capricornio, a los Acuario no les molesta la compañía cuando la tienen.

Los Acuario son muy tolerantes y considerados, lo que les hace bastante populares. Aun así, prefieren trabajar en soledad para centrarse por completo en la tarea que tienen entre manos. Los Acuario son soñadores, pero pueden dejarse llevar por sus sueños y parecerle bastante excéntricos a los demás. No les gusta admitir sus defectos y errores, lo que da lugar a opiniones fanáticas.

12. Piscis

Los Piscis son el grupo más modesto de todo el zodíaco. Son tan humildes que no se dan crédito a sí mismos ni siquiera cuando saben de ciertas cosas y dejan que otros se lleven el mérito. El planeta regente, Júpiter, dota a estos individuos de una naturaleza extremadamente generosa, por lo que dejan que los demás les pisoteen. No aprovechan las oportunidades y dejan que otros se lleven el protagonismo en estas circunstancias.

Cuanto más humildes son, más dudan de sus capacidades. En última instancia, esto se traduce en preocupación y ansiedad. Los Piscis son los más precavidos de todo el zodíaco y se lo pensarán varias veces antes de dar un salto. La naturaleza filosófica de este zodíaco a menudo hace que los individuos tengan talento para la música, el arte u otras actividades creativas. Sin embargo, los Piscis pierden buenas oportunidades y se deprimen y entristecen ante la vida debido a su actitud precavida.

Elementos

Los zodíacos se comprenden mejor por dos factores principales que los clasifican en ciertas categorías. Se trata de los elementos y las cualidades. Los elementos se refieren a la naturaleza fundamental de un signo, mientras que las cualidades tienen que ver con la forma en que los signos se expresan. Los antiguos griegos consideraban que el aire, la tierra, el fuego y el agua eran los componentes básicos del universo y de todo lo que hay en él. Cada signo del Zodíaco está asociado a uno de estos cuatro elementos. Estos elementos describen la naturaleza básica de la personalidad de un individuo. Para comprender correctamente los signos del Zodíaco, debemos entender lo que representan estos elementos.

1. Tierra

Virgo, Tauro y Capricornio son signos de tierra. Cualquier persona vinculada a estos signos suele ser una persona segura y estable, anclada en la realidad. No son muy dados a correr riesgos y a evitar los conflictos. El elemento tierra representa la construcción o la creación de cosas, por lo que los signos del Zodíaco de tierra desean crear o construir cosas en su vida. Tanto si se trata de aspectos sólidos, físicos o emocionales fuertes, los de elemento tierra se centran en la estabilidad.

Puede ser algo tan sencillo como crear habitaciones confortables en una casa o crear puestos de trabajo u oportunidades para los demás. Los signos con el elemento tierra se ven influidos a acumular posesiones mundanas a su alrededor para tener una sensación de estabilidad. Sin embargo, este rasgo puede convertirse en un hábito malsano cuando los individuos se vuelven codiciosos o materialistas.

El elemento tierra representa el sentido del deber y la responsabilidad, y los signos del Zodíaco asociados con el elemento tierra sienten la necesidad de ayudar y apoyar a las personas de su entorno. Los signos de elemento tierra son lógicos y adoptan un enfoque mesurado que garantiza poco o ningún riesgo. Sin embargo, estas personas están tan centradas en el resultado que a veces pasan por alto los sentimientos de los demás. En resumen, los signos del Zodíaco apoyados en la tierra tienen los pies en el suelo y la vista en el premio.

2. Aire

Libra, Géminis y Acuario son signos de aire. Los signos del Zodíaco favorecidos por este elemento tienen la ventaja añadida del intelecto. Estos individuos son pensadores inteligentes y pueden razonar de forma abstracta. Su intelecto se combina con su mente creativa para crear pensadores críticos. A los signos del zodíaco de aire les encanta comunicar sus pensamientos e ideas al mundo.

Analizan las cosas en profundidad y pueden ser muy útiles en un dilema. Los signos de aire no son ni demasiado luchadores ni demasiado tranquilos. Dependiendo de su estado de ánimo, pueden tener una actitud tranquila y serena como una brisa fresca, pero pueden enfadarse fácilmente como el viento aullante. Los signos de aire son humanitarios y suelen intentar ayudar a los demás en la medida de sus posibilidades. Con su pensamiento objetivo y su naturaleza cooperativa, ningún asunto es demasiado difícil de resolver para ellos.

3. Agua

Asociada a Cáncer, Escorpio y Piscis, el agua representa la naturaleza fluida de estos signos. El agua es fluida, vacilante y corriente, al igual que las cualidades de estos signos del Zodíaco. Los signos de agua tienen un mayor sentido de la intuición y sienten todo con mucha más intensidad que los demás. Estos signos son emocionales y cariñosos, y suelen actuar basándose en las emociones más que en la lógica.

Los signos de agua son muy compasivos con los demás, sienten sus problemas como propios y buscarán soluciones para ellos. A los regidos por el agua les encantan las cosas bellas y estéticas, ya sea el arte, la música o la naturaleza. Desean la belleza y quieren que los demás sean felices gracias a ella. Al igual que el agua, estos signos del Zodíaco, si se estancan, pueden perder el rumbo y volverse autoindulgentes.

4. Fuego

Sagitario, Aries y Leo son signos de fuego. Como era de esperar, los signos del Zodíaco agraciados por el fuego son realmente feroces. Estos signos son apasionados, ambiciosos y nunca les falta valor. Sin embargo, al igual que el fuego, resulta muy difícil contenerlos si se descontrolan. El elemento fuego confiere a estos signos del Zodíaco un espíritu vivo y una gran creatividad. Las personas agraciadas con el elemento fuego son seguras de sí mismas, espontáneas y tienen un enorme entusiasmo por la vida. Estos signos son los más apasionados en una relación amorosa.

Cualidades

La cualidad de un zodíaco define la actitud de un individuo ante la vida y su forma de abordar los proyectos y las distintas tareas. Las cualidades se explican a continuación:

1. Cardinal

Cáncer, Aries, Capricornio y Libra tienen cualidades cardinales. Estos signos son los iniciadores del zodíaco, además de estar situados en los puntos de arranque de la rueda de cartas natales. Aries se sitúa en el ascendente, y así sucesivamente. Los signos con cualidad cardinal quieren poner las cosas en marcha. Son ambiciosos, rápidos y activos. Los cardinales inician muchos proyectos, pero no consiguen llevarlos a buen término porque los signos con esta cualidad están más interesados en empezar cosas que en terminarlas. La energía cardinal a veces puede parecer prepotente, pero este impulso les ayuda a completar muchas tareas.

2. Fijo

Las cualidades fijas se asocian con Escorpio, Tauro, Leo y Acuario. Estos individuos prefieren la constancia al ritmo. Trabajarán en sus proyectos con calma y serenidad y los llevarán a término. Estos individuos están decididos a completar sus tareas y tienen un enfoque estable para la resolución de problemas. Los signos de cualidad fija son muy autosuficientes y nunca dudan de sí mismos mientras avanzan con paso firme hacia sus objetivos. En el lado opuesto, estos signos pueden ser rígidos y obstinados ante entornos cambiantes.

3. Mutables

Virgo, Piscis, Géminis y Sagitario son signos mutables que son más flexibles en su enfoque de la vida. Estos individuos están dispuestos a cambiar su comportamiento, enfoque y expresiones dependiendo de las circunstancias. Son muy ingeniosos y apreciados por los demás debido a su personalidad flexible. Tienen un fuerte sexto sentido que les ayuda a detectar posibles oportunidades y a darles la forma que mejor funcione. Sin embargo, su deseo de agradar a todo el mundo es el mismo que les mete en problemas.

He aquí un cuadro fácil de entender que resume las lecciones y conocimientos de los signos del Zodíaco y sus características.

Signo del Zodíaco	Planeta regente	Símbolo	Glifo	Calidad	Elemento
Aries	Marte	Carnero	♈	Cardinal	Fuego
Tauro	Venus	Toro	♉	Fijo	Tierra
Géminis	Mercurio	Gemelos	♊	Mutable	Aire
Cáncer	Luna	Cangrejo	♋	Cardinal	Agua
Leo	Sol	León	♌	Fijo	Fuego
Virgo	Mercurio	Virgen	♍	Mutable	Tierra
Libra	Venus	Escamas	♎	Cardinal	Aire
Escorpio	Plutón, Marte	Escorpión	♏	Fijo	Agua
Sagitario	Júpiter	Arquero	♐	Mutable	Fuego
Capricornio	Saturno	Cabra de mar	♑	Cardinal	Tierra
Acuario	Urano, Saturno	Portador de agua	♒	Fijo	Aire
Piscis	Neptuno, Júpiter	Pez	♓	Mutable	Agua

El desarrollo de los signos del zodíaco tiene una rica historia en la astronomía. Aunque empezó asociando a las personas con su signo zodiacal de nacimiento, la astrología moderna tiene en cuenta los doce signos del Zodíaco. Los combina con las doce casas y la posición de los planetas en cada ocasión. Esta información combinada nos da una imagen mucho más clara de nuestro horóscopo que una simple predicción zodiacal. Cada signo del Zodíaco está regido por uno o varios planetas que influyen significativamente en sus características. Del mismo modo, cada una de las cualidades y elementos influye en cómo se conforman los rasgos y características de un determinado signo del Zodíaco. Por lo tanto, cada factor tiene un significado único a la hora de interpretar los signos o las lecturas de la carta natal de una persona.

Capítulo 4: Planetas y retrógrados

La Tierra está rodeada por dos cuerpos luminosos, el Sol, la Luna y ocho planetas. Cada cuerpo lleva una profunda cantidad de energía específica. Estas energías planetarias afectan en todos los niveles.

No sólo su energía influye en su vida, sino también sus movimientos. Estos cuerpos giran alrededor del Sol y se cruzan con los doce signos del universo. Cada signo zodiacal lleva su energía, de modo que cuando un cuerpo planetario se encuentra con un signo zodiacal, crea un campo energético diferente que afecta su vida.

Este capítulo enseñará los movimientos y el ritmo de los planetas. También aprenderá cómo estos movimientos aparentemente sutiles influyen sobre su vida en el espacio.

Ritmo

En astrología, los planetas se dividen en dos grupos: planetas interiores y planetas exteriores. Los planetas interiores se mueven mucho más rápido que los exteriores, lo que significa que sentirá sus efectos más que el de los planetas exteriores.

A medida que los planetas recorren la carta natal, crean aspectos. Los aspectos son ángulos creados por los planetas. Estos ángulos son una expresión de la energía que dos planetas crean juntos.

Planetas interiores

☉ Sol

Este cuerpo luminoso se mueve un grado cada día en su carta natal. Esto significa que permanece en el mismo signo zodiacal durante treinta días y que tarda 360 días en volver al mismo grado que su Sol natal. Debido a su rapidez, los aspectos creados por el Sol duran tres días.

El Sol representa el núcleo de su personalidad y su ego. Es importante que comprenda que sólo refleja quién es usted en el fondo, pero no es una expresión de quién es como ser complejo. Representa su lado masculino, junto con su carisma, confianza y creatividad.

Cuando el Sol se desplaza, empieza a cuestionar su identidad. Los sentimientos que este movimiento puede inspirarle dependen exclusivamente de sus aspectos. Los aspectos duros pueden hacer que se sienta insatisfecho, mientras que los aspectos suaves crean un ambiente armonioso.

☾ Luna

Por término medio, la Luna viaja al siguiente signo en un plazo de dos a dos días y medio. Esto significa que la Luna tarda veintiocho días en completar su ciclo alrededor de la carta. Sus aspectos duran tres horas.

La Luna es sus emociones y representa su lado femenino. Incluye la intuición, la suavidad, la vulnerabilidad y el cuidado.

Sus emociones son totalmente vulnerables a los movimientos de la Luna. Experimentará fluctuaciones emocionales cada vez que la Luna viaje a un signo diferente o tenga aspectos con otros planetas.

☿ Mercurio

Mercurio pasa unas tres semanas en un signo y completa su ciclo al cabo de 88 días. Normalmente, los aspectos que crea duran aproximadamente dos días.

Este planeta representa su mente, incluyendo las habilidades y el estilo de comunicación, las capacidades cognitivas e intelectuales, la percepción y los patrones de pensamiento. Se encarga principalmente del lado consciente de su cerebro y se relaciona más con la lógica que con lo abstracto. Mercurio también representa los viajes cortos, afectando a cosas como los vehículos y diversos medios de transporte.

Dependiendo de la nueva ubicación del planeta, es posible que experimente fluctuaciones mentales en la carretera o su auto. Puede afectar sus viajes, especialmente al trayecto de ida.

♀ Venus

Venus suele estacionarse durante dieciocho días en un signo cuando viaja por los signos y luego se desplaza. Tarda 224,5 días en completar su ciclo, y sus aspectos duran dos días.

Venus es el planeta de las relaciones, el amor, la vida, la belleza y las finanzas. El planeta rige todas las relaciones y no se limita al romance. También se asocia con el arte, las posesiones, la vida social, la sensualidad y el placer.

Las relaciones y otros aspectos de la vida venusina pueden sufrir cambios periódicos con los movimientos y aspectos del planeta. Sin embargo, aunque experimente un aspecto duro, sólo durará unos días.

♂ Marte

Marte pasa alrededor de dos meses en un signo y veintidós meses para cubrir toda la carta natal. Sus aspectos duran aproximadamente una semana.

Este planeta rige las actividades físicas, la energía sexual, la fuerza, la agresividad, el comportamiento animal, la valentía y el deseo. También está relacionado con las armas, la violencia, la guerra y los accidentes.

Los efectos de Marte suelen dejarse sentir por su fuerte impacto. Por lo tanto, cuando se mueva, es posible que se encuentre en situaciones que surgen de la nada. Podrían ser contundentes y perturbar su rutina diaria.

Dependiendo de su colocación y de sus aspectos, es posible que se vea envuelto en una pelea que no ha iniciado o que se enoje con facilidad y sienta la ira correr por sus venas sin un motivo concreto.

♃ Júpiter

Júpiter permanece un año entero bajo un signo, lo que significa que completa su viaje cada doce años. Los aspectos que crea suelen durar tres semanas.

Júpiter es conocido como el planeta de la buena fortuna. También rige los viajes de larga distancia, la mente abstracta, la filosofía, la religión, la indulgencia, el ocio, la suerte, el crecimiento y la prosperidad.

Por lo general, no hay de qué preocuparse con el movimiento de este planeta, ya que le traerá buena fortuna. Sin embargo, el único factor que podría empañar su buena suerte son los aspectos difíciles de Júpiter.

Planetas exteriores

♄ Saturno

Saturno pasa dos años y medio en cada signo y tarda veintinueve años y medio en alcanzar su posición natal. Los aspectos que crea duran una media de seis semanas.

Conocido como el maestro, Saturno rige la disciplina, el orden, la ambición, la responsabilidad, la tradición y la paciencia. Provoca limitaciones y restricciones para enseñarle de qué carece.

Este planeta es algo temido porque puede quitarle bendiciones a su vida. Sin embargo, esto sólo dura poco tiempo. Será inmune a sus efectos cuando haya aprendido la lección.

♅ Urano

Urano pasa siete años en cada signo y tarda unos 84 años en aterrizar en su posición natal. Sus aspectos duran tres meses.

Este planeta se asocia con la originalidad, la excentricidad, la rebeldía, la innovación, la tecnología, la magia, la psicología y la astrología. Provoca cambios repentinos y perturbaciones. Se ocupa de cuestiones humanitarias y es futurista. Naturalmente, afecta a las causas humanitarias y apoya las ideas innovadoras y futuristas.

Los efectos de este planeta suelen ser inesperados porque dependen de la casa en la que se encuentre y de sus aspectos con otros planetas. Por lo tanto, revise el tránsito de Urano para saber qué cambios podría experimentar cada siete años.

♆ Neptuno

Neptuno permanece catorce años en cada signo y tarda 164 en completar un ciclo completo alrededor de la carta natal. Sus aspectos duran dos años de media.

Este planeta rige las masas de agua, el arte, la música, la espiritualidad, las ilusiones, los sueños, el subconsciente, las drogas, la drogadicción, la hipnosis, el sonambulismo y los trances.

Por lo general, los efectos de Neptuno no se dejan sentir inmediatamente. Tardará algún tiempo en asentarse en un signo, y luego creará ciertos temas en su vida durante catorce años. Puede conocer sus efectos neptunianos estudiando el signo en el que se encuentra actualmente.

♇ Plutón

Plutón permanece en cada signo entre catorce y treinta años. Puede tardar unos 248 años en completar su ciclo alrededor de su carta natal. Sus aspectos pueden durar varias semanas, pero depende de su velocidad.

Plutón es un planeta intenso. Rige todo lo oculto, la muerte, el renacimiento, la transformación, las obsesiones, las fobias, los comienzos, los finales y el aislamiento. También rige cosas oscuras como la coacción, los secuestros, los virus y las bacterias.

Normalmente, Plutón se percibe como el planeta de la transformación. Por lo tanto, dondequiera que se encuentre en su carta natal, se transforma en función de su posición actual. Debe estudiar su signo actual y compararlo con su Plutón natal para interpretar correctamente los efectos de este planeta.

Planetas retrógrados

Ahora que ya tiene una idea sobre los movimientos de los planetas, es hora de aprender sobre los retrógrados planetarios. Los retrógrados son movimientos planetarios en los que los planetas parecen retroceder durante un cierto período y luego vuelven a su patrón normal.

Los planetas no retroceden. La Tierra simplemente se mueve más rápido que la órbita del planeta. Por lo tanto, parece que el planeta retrocede.

Mercurio

Mercurio retrógrado. Aunque no esté familiarizado con la astrología, probablemente haya oído hablar de este término en alguna parte. Este fenómeno ocurre aproximadamente tres veces al año y suele durar tres semanas.

Este movimiento periódico tiene algunas ventajas y desventajas. Durante este tiempo, es posible que sienta nostalgia. Puede que piense en sus cosas favoritas de la infancia o que se entretenga con la nostalgia y viva momentos entrañables.

Otra ventaja es volver a conectar con la gente. Este planeta rige la comunicación, así que tiene sentido que cuando esté retrógrado, vuelva a conectar con los amigos con los que ha perdido el contacto.

Una de las desventajas con las que podría lidiar durante este tiempo es la tecnología y los problemas de transporte. También es bastante fácil crear conflictos durante este periodo porque hay mucho espacio para la comunicación.

Debería estar atento a la comunicación y asegurarse de que entiende correctamente a la gente para evitar malentendidos.

Los astrólogos advierten contra la firma de contratos porque sus capacidades cognitivas suelen estar ligeramente nubladas.

Venus

Venus entra en retrogradación aproximadamente cada dieciocho meses y dura unos cuarenta días. Este planeta es el más cercano a la Tierra, por lo que sus efectos son significativamente potentes. Su retrogradación desentierra problemas de pareja reprimidos y los saca a la superficie.

Discutir los problemas de pareja podría considerarse una desventaja, pero Venus quiere que sane y experimente relaciones más sanas, así que le ayuda sacándolos a relucir.

También podría enfrentarse cara a cara con sus inseguridades físicas, que son desagradables de experimentar y tratar.

Sin embargo, el lado positivo de Venus retrógrado es la curación. Aunque es incómodo, la aceptación, la conciencia y la curación son sus herramientas durante este tiempo difícil.

Por muy fuerte que sea el impulso de huir de sus problemas, debe ser lo suficientemente compasivo y valiente como para emprender este viaje. Así que, evite huir y comience su viaje de sanación durante este tiempo.

Marte

Marte entra en retrogradación cada veintiséis meses y dura 80 días, lo que significa que no lo experimenta tan a menudo como otras retrogradaciones planetarias. Experimentará un estancamiento en su vida sexual y sus niveles de energía descenderán significativamente. El retrógrado puede hacer aflorar la ira contenida, por lo que podría estar más enfadado de lo habitual durante este periodo.

La mejor forma de enfrentarse a Marte retrógrado es encontrar formas sanas de manejar la ira reprimida.

Probablemente sea mejor evitar actuar por impulso o entretener su agresividad. Puede que lo mejor sea sentarse, reflexionar sobre sus sentimientos y tomarse un tiempo para no iniciar nuevos proyectos o poner las cosas en movimiento. Ahora es el momento de relajarse.

Júpiter

Este planeta retrocede cada nueve meses y permanece en esta posición durante aproximadamente cuatro meses. Durante este tiempo, se es más introspectivo y filosófico. Es muy probable que se cuestione todo lo que le rodea. Mirará con lupa leyes, normas, religiones y creencias inculcadas en su interior y nunca antes cuestionadas.

Una de las distinciones de esta época es que sacude su fe ciega y le provoca cuestionarla. Esto puede ser algo difícil de atravesar, pero Júpiter le empuja a conectar con su mente superior y su yo espiritual.

Puede que lo mejor sea evitar resistirse al planeta y abrirse al universo.

Se recomienda liberarse de las falsas creencias y ejercer la autodisciplina, ya que el retrógrado podría hacer que desee autocomplacerse de forma poco saludable.

Saturno

Saturno retrograda una vez al año y permanece así durante cuatro meses y medio. Esta época del año es desafiante y aprenderá a enfrentarse a su crítico interior. Es duro porque los críticos internos son duros y difíciles de complacer. Se sentirá restringido durante este tiempo y se enfrentará a limitaciones basadas en el miedo.

A nadie le gusta sentirse limitado, pero deberá soportar este factor desfavorable de este periodo. Por otro lado, saldrá de este periodo con expectativas más realistas de sí mismo. Podrá ser más disciplinado y paciente cuando termine el retrógrado.

Huir de las responsabilidades y ceder a las limitaciones basadas en el miedo no son recomendables durante este periodo.

Es mejor que acepte sus limitaciones como ser humano y aprenda la lección que le enseña el planeta.

Las lecciones de Saturno se basan en la casa, el signo y los aspectos de su carta natal. Por lo tanto, revise su carta natal para comprender qué áreas necesitan mejorar en su vida.

Urano

Urano retrograda cada año y permanece en este movimiento durante cinco meses. Este movimiento retrógrado puede hacerle perder el control: justo cuando todo va bien, de repente, su mundo se ve sacudido por un terremoto. Es una llamada de atención que le recuerda su auténtico yo, aquel que puede haber estado reprimiendo.

Puede ponerle en situaciones difíciles para que enfrente verdades que ha estado evitando. Por desagradable que esto sea, tendrá que salir de estas situaciones aferrándose a su verdad y haciendo lo que es mejor para usted.

Si el planeta le empuja a ser usted mismo, puede ponerle en situaciones en las que su verdadero yo esté reprimido y no pueda vivir con autenticidad. Sea cual sea su situación, tendrá que encontrar la manera de manejar este cambio repentino con la cabeza despejada.

Este planeta intentará liberarle de los grilletes de la tradición y del pensamiento anticuado y de sus partes inauténticas. Así que, durante este tiempo, evite aferrarse a la seguridad de la norma y láncese a lo desconocido. El planeta le bendecirá con buenos resultados si se deja llevar y confía en que estará bien.

Neptuno

Neptuno retrograda una vez al año y permanece en esta fase durante aproximadamente seis meses. Normalmente, este planeta le protege de las duras realidades, lo que significa que cuando retrograda, el velo cae.

Esta experiencia puede ser difícil porque se enfrenta a sentimientos, pensamientos e impulsos ocultos. Una parte diferente de usted saldrá a la superficie y no le gustará. El planeta despoja su negación y debe enfrentarse a su realidad.

El único beneficio real de Neptuno retrógrado es que se enfrenta a realidades no tratadas, tanto si son suyas como si le rodean.

La negación puede ser muy tentadora en esta época del año, pero es vital que resista este impulso. Si se resiste a la influencia de Neptuno, puede obligarle severamente a ver la verdad. Por lo tanto, es mejor que acepte su verdad.

También puede sentirse atraído por el consumo de drogas durante el retrógrado. Disfrutar de una copa de vino es inofensivo, pero utilizar el alcohol para evadirse no es recomendable durante este tiempo. Neptuno rige el consumo de alcohol, así que si lo utiliza para escapar, Neptuno se asegurará de que la verdad le persiga hasta que la haya enfrentado.

Plutón

Plutón retrograda una vez al año y permanece retrógrado durante cinco o seis meses. Como ya hemos dicho, Plutón rige todo lo oculto. Por lo tanto, durante su retrogradación, se enfrentará a cosas ocultas o sus secretos saldrán a la luz.

Es posible que experimente recuerdos o sentimientos perturbadores de los que su subconsciente le ha protegido. Puede que le vengan en sueños o que los recuerde de repente, pero no será agradable en ninguno de los dos casos.

La transformación es necesaria; sin embargo, puede ser dolorosa. Por desgracia, las transformaciones de Plutón rompen o hacen añicos todo su mundo. Este puede ser un momento desafiante, pero debe recordar que pronto conocerá a su nuevo y más evolucionado yo. La sola idea puede ser reconfortante cuando la vida se vuelve oscura.

Durante este tiempo, evite resistirse a la transformación. Lo más inteligente es aceptarla. Aceptar este momento de su vida puede ayudarle a ser más autocompasivo y a atravesar este periodo con toda la gracia que pueda.

Observar los movimientos planetarios es fundamental para comprender la fase actual que está viviendo. A veces se encontrará en circunstancias extrañas y no sabrá por qué o cómo ha acabado en estas situaciones. Normalmente, cuando se cuestiona su vida porque de repente las cosas no le parecen bien, lo más probable es que se deba a movimientos planetarios que le piden que haga los cambios necesarios.

Capítulo 5: Fases de la Luna y nodos

La Luna es un cuerpo celeste poderoso. Principalmente tiene energía femenina; sin embargo, no es tan sencillo. Cada mes, la Luna atraviesa nueve fases diferentes, cada una con una energía determinada que le afecta de forma diferente.

En este capítulo, conocerá las fases en detalle y verá una introducción a sus nodos.

Las fases de la Luna[4]

Las fases lunares

Luna nueva

La luna nueva es la primera fase lunar del ciclo. Se ve justo después de la luna oscura, cuando este cuerpo luminoso desaparece por completo. Parece una minúscula astilla de Luna, lo que tiene sentido porque es justo cuando la Luna está entre la Tierra y el Sol, por lo que, normalmente, no se ve gran cosa de ella.

Luna nueva[5]

Esta luna simboliza nuevos comienzos, nuevos capítulos, entusiasmo, energía y motivación, y esta fase conlleva mucha energía. Puede poner fin a una fase horrible de su vida, darle algo de motivación o bendecirle con una explosión de energía de la que carece.

Puede aprovechar la energía de esta fase de varias maneras. Por ejemplo, si ha querido embarcarse en un proyecto, ya sea en su vida personal o laboral, ahora es el momento de hacerlo. Puede reflexionar sobre su vida durante este tiempo. Pregúntese: ¿Qué camino debería tomar ahora? ¿Es hora de iniciarme en algo nuevo? ¿Debería explorar un nuevo capítulo en mi vida?

Luna creciente

El creciente es la segunda fase de la luna y se produce dos días después de la luna nueva. Por su nombre, ya sabrá que parece una medialuna plateada brillante en el cielo nocturno. Es cuando se ve lo brillante que es la luna después de dos fases en las que ha proporcionado poca o ninguna luz.

Luna creciente[6]

La luna creciente simboliza el valor, las nuevas oportunidades, la fe, el positivismo y los nuevos retos. No influye en el comportamiento imprudente o impulsivo, sino que se anima a dar saltos de confianza sin pensar demasiado las cosas. No quiere que se desanime, así que le da un poco de valentía y confianza.

Este tiempo es ideal para trabajar su confianza. Reflexione sobre las áreas en las que cree que falta confianza y enfréntese a ellas. Déjese influir por las energías que le ofrece la Luna. Sea más valiente y hable. Lo que tiene que decir es importante, y cualquier nueva oportunidad que se le presente ahora debe ser tenida en cuenta. Evite descartarlas por ansiedad y miedo. Crea en usted mismo y en el universo.

Cuarto creciente

El cuarto creciente es la tercera fase. Aparece una semana después de la luna nueva. Tiene el aspecto de una media luna en el cielo, por lo que en ocasiones se la denomina media luna.

Cuarto creciente de luna[7]

Si la mitad de la Luna es brillante y clara, la otra es oscura y está oculta, similar a una relación binaria entre lo que se puede ver y lo que no. Por lo tanto, esta fase simboliza la fuerza, la concentración, el compromiso, la determinación, la toma de decisiones decisivas y la reevaluación. También podría representar lo que no podemos ver, ya sea en nuestro interior o lo que hay más allá de nosotros.

En este momento del mes, debería reevaluarse a fondo. Puede escribir sus conclusiones en un diario para facilitar este proceso. Piense en cómo se ha estado tratando a usted mismo y a los demás. ¿Está trabajando en sus objetivos paso a paso? ¿Evita ponerse objetivos por miedo? Reevalúe a las personas a las que dedica su tiempo, energía y amor. ¿Merecen la pena? ¿Qué hacen a cambio? Comprométase a superarse durante este tiempo, deshágase del miedo a lo desconocido y no deje que obstaculice su camino.

Luna gibosa creciente

La luna gibosa creciente aparece después del primer cuarto y justo antes de la luna llena, lo cual es una posición interesante. Esta luna parece una bola brillante en el cielo, pero aún no puede verla del todo llena.

Luna gibosa Creciente⁸

Como ya se ha mencionado, esta fase es interesante porque se produce justo antes de la luna llena. ¿Por qué es importante? Significa que se anima a desarrollar todo su potencial. Simboliza el desarrollo, la autoestima, la riqueza, las ganancias y la manifestación.

Durante esta fase, puede manifestar lo que desea en su vida, ya sea un determinado estilo de vida, amigos, situación, dinero o cualquier otra cosa que tenga en mente. Después de esto, puede empezar a pensar en cómo desarrollarlo. Si la seguridad financiera le ha estado preocupando últimamente, esfuércese más en encontrar un ingreso pasivo o comience un trabajo secundario fácil porque la Luna le bendecirá con ganar lo que le falte durante este tiempo.

Además, piense en cómo puede alcanzar todo su potencial. Puede que necesite trabajar en algunas habilidades o descubrir cosas nuevas sobre usted mismo. Podría leer más y adquirir más conocimientos. Utilice la brillante iluminación de la Luna e ilumine su mente con conocimiento.

Luna llena

La luna llena es el punto medio de las fases lunares. Es lo más brillante que puede llegar a ser la Luna. Viene justo después de la luna gibosa creciente y no es difícil de identificar. Está llena y brillante, tanto que ilumina todo el cielo.

Luna llena[9]

Esta fase simboliza la abundancia, la fertilidad, el florecimiento, los momentos emocionales, la energía poderosa y la curación. Esta luna es conocida como una de las lunas más poderosas. Proporciona una amplia iluminación y esclarecimiento. De repente, todo está claro para usted, y comprender o navegar por sus emociones ya no es difícil.

Es posible que se sienta emocionado durante este periodo. Acójalo, no huya de él. La Luna, después de todo, rige las emociones, así que cuando está llena, ilumina sus emociones. Puede reflexionar sobre cómo se siente y escribirlo. Piense en ello o háblelo con su terapeuta si es necesario. Puede que se enfrente a emociones difíciles durante este tiempo si es de los que huyen o se esconden de ellas.

Aparte de sus sentimientos, puede trabajar su gratitud. Cuanto más agradecido sea, más bendiciones recibirá del universo. Es el momento perfecto para ello, ya que la Luna le está proporcionando abundancia.

Luna gibosa menguante

La luna gibosa menguante viene después de la luna llena cuando las fases son paralelas entre sí. Se parece a la luna gibosa creciente, excepto que el lado sombrío está al otro lado.

Luna gibosa menguante[10]

Recuerde, cada fase de la luna llena tendrá que ver con deshacerse de algo o terminar un capítulo. Cuando nos acercamos a la luna llena, estamos ganando y desarrollándonos. Sin embargo, a medida que nos alejamos de ella, empezamos a deshacernos de cosas para iniciar un nuevo ciclo.

Esta fase simboliza deshacerse de los hábitos inútiles o de las cosas que le traen disgustos o dificultan su progreso. También podría aplicarse a pensamientos poco saludables o hábitos destructivos, como el autosabotaje.

Considere la posibilidad de reflexionar sobre los rasgos o hábitos de los que necesita desprenderse durante este tiempo. Cosas que le han estado entreteniendo inconscientemente. Debe ser consciente de que esas cosas ya no le sirven, así que es hora de que se deshaga de ellas.

Cuarto menguante

El cuarto menguante aparece después de la gibosa menguante. Se parece al cuarto creciente. Cuando se mira al cielo, se ve cada vez menos Luna a medida que el ciclo llega a su fin.

Esta fase también tiene un lado de sombra. Por lo tanto, simboliza el trabajo en la sombra. El yo en la sombra contiene rasgos que no le gustan de usted mismo, como cosas que hace que lo hunden y no construyen. Prestando atención a esta parte de usted mismo, puede eliminar ciertos rasgos o comportamientos tóxicos para convertirse en una persona mejor.

El trabajo en la sombra es un aspecto importante de la espiritualidad. Puede aprender sobre esta parte de usted localizando la posición de Lilith Luna negra en su carta natal y comprendiendo cómo le afecta a usted y a los que le rodean. El trabajo en la sombra no es un viaje fácil de emprender, pero es necesario para el autodesarrollo.

Luna menguante

La luna menguante aparece después del cuarto menguante. De nuevo, se parece a la luna creciente.

Esta fase simboliza el desapego y el aislamiento. Pueden ser energías difíciles; sin embargo, son necesarias para su bienestar. Estar conectado al mundo todo el tiempo es agotador, sobre todo si aún no ha prestado atención a sus niveles de energía. Pasar tiempo consigo mismo puede revelar muchas cosas que necesitan su atención. Puede ser cualquier cosa, desde sus sentimientos, pensamientos no abordados y autocuidado.

Durante esta fase, puede decir a sus amigos que se tomará un tiempo para usted. Siéntese consigo mismo después del trabajo, tenga una cita o disfrute de cualquier actividad que le guste. Puede escribir un diario o tomar notas de un libro de autoayuda. No hay reglas que deba seguir siempre y cuando pase tiempo consigo mismo y evite descuidarse.

Luna oscura

La luna oscura es la luna final de la fase lunar. Aparece dos días antes de la luna nueva. No puede verla porque apenas está allí. Es casi como si hubiera desaparecido del cielo.

Esta fase simboliza los finales, la sabiduría, el nacimiento, el renacimiento, los secretos, la transformación, la liberación de traumas y dolores internos, la quietud y la muerte. Por supuesto, acontecimientos como la muerte, el nacimiento y el renacimiento no son literales con esta fase lunar. Representan el ciclo interior por el que pasa cuando se transforma. Lo viejo muere y lo nuevo renace.

Reflexione sobre el trabajo en la sombra que ha realizado anteriormente y empiece a desprenderse del viejo yo durante esta fase. Atravesar una fase de transformación puede ser difícil, así que sea compasivo consigo mismo durante este difícil periodo. Ejerza el amor propio durante este tiempo porque reconocer su yo en la sombra no significa que no valga nada o que no merezca amor.

Es posible que experimente miedo porque siente que está perdiendo partes de usted mismo, lo cual es normal. Está perdiendo partes de usted mismo, pero son aquellas de las que necesitas desprenderse para obtener un yo más sano.

Los nodos lunares

Los nodos lunares, también conocidos como los nodos norte y sur, son dos puntos de intersección de la órbita de la Luna cuando cruza la ecléctica. Estos nodos juegan un papel vital en la astrología kármica. Simplemente, los nodos cuentan una historia de su vida pasada. Ambos llevan información sobre su karma de esta vida basada en su vida pasada.

Comprenda que los nodos van de la mano. No se puede entender el significado de uno sin el otro. Juntos forman una imagen completa, por lo que necesita entender sus posiciones y significado juntos.

☊ Nodo norte

El nodo norte simboliza el crecimiento del alma. Hay cosas que le faltaron o no experimentó en su vida pasada. Por eso, su karma en esta vida es experimentarlas y crecer.

Señala un determinado camino que seguirá en esta vida, por lo que debe conocer la ubicación y el significado de su nodo norte.

Este camino está lleno de recompensas para usted; sin embargo, puede ser difícil de recorrer, como todo en la vida. Por lo tanto, cuando comprenda cuál es su camino, recibirá la ayuda divina prometida por la ubicación del nodo norte.

Cuando comprenda lo que debe hacer para alcanzar la cúspide del éxito, deberá trabajar en usted mismo. Seguramente, este camino se hizo a su medida en el momento en que nació. Sin embargo, también se hizo para la versión de usted que está dispuesta a trabajar en sí misma y tiene suficiente amor propio y dedicación para alcanzar su potencial.

Puede que el camino que señala no se parezca al suyo. Puede que apunte a una dirección que no imaginaba o que nunca pensó que fuera posible. Estos pensamientos y sentimientos son normales, pero confíe en que el universo tiene el mejor interés en el corazón.

☋ Nodo sur

El nodo sur representa su pasado, los cimientos sobre los que se construye su vida actual. Ciertos hábitos y zonas de confort en su interior provienen de sus vidas pasadas. En esta vida, es posible que vuelva inconscientemente a sus viejos hábitos.

Los aspectos del nodo sur son importantes. Por ejemplo, si tiene una conjunción entre un planeta y el nodo sur, es hora de que deje atrás por completo su pasado.

No necesita hacer regresiones a vidas pasadas ni entretenerse con recuerdos de vidas pasadas porque ahora no tienen ningún valor.

El nodo sur puede decirle mucho sobre el karma de su vida pasada en astrología kármica. Aquí puede conocer su deuda kármica.

El nodo sur no es una imagen cristalina de quién era. Más bien es una recopilación del lugar donde creció, sus luchas, habilidades y todo lo demás sobre usted. A través de esta información, puede conocer su karma bueno y malo.

Ubicación de los nodos lunares

Para entender mejor las colocaciones de los nodos, mire este ejemplo desglosado de esta colocación.

Los nodos están opuestos entre sí, naturalmente. Si el nodo norte está en la primera casa, el nodo sur está en la séptima casa.

Según la astrología kármica, el nodo norte en la primera casa y el nodo sur en la séptima casa significan que da más prioridad a su pareja y a otras personas cercanas que a usted mismo. Les das demasiado y no se queda suficiente para usted.

También significa que se siente inútil sin pareja. De alguna manera, cree que su pareja le completa o que es un elemento clave para su supervivencia. Este emplazamiento indica que ha hecho muchos sacrificios para complacer a su pareja y a otras personas cercanas.

Con este emplazamiento, el nodo norte es lo que necesita desarrollar; éste es el camino que debe seguir. Desarrollar estos rasgos le liberará de su karma del nodo sur.

No se sorprenda si se siente identificado con su colocación del nodo sur. Estos sentimientos aún pueden surgir en su vida actual.

☊	Casa 1	• Desarrollar un sano sentido de uno mismo. • Ser independiente. • Trabajar en límites sanos. • Evitar las relaciones codependientes. • Construir una identidad fuerte. • Ser más seguro de sí mismo. • Defenderse. • Aprenda a escucharse y no de demasiada importancia a lo que la gente dice o piensa de usted. • Dese prioridad. • Trabajar el amor propio. • Trabajar problemas de abandono. • Afrontar su soledad y encontrar la causa raíz.

☋	Séptima casa	• Sentimientos de inutilidad e inadecuación. • Sensación de no ser suficiente. • Lucha con el amor propio y piensa que no merece amor, amabilidad o la atención de nadie. • Se siente amenazado cuando alguien cercano abandona su vida. • Cae fácilmente en relaciones de codependencia.

Identifique los nodos en su carta natal.

Ahora le toca a usted descifrar las posiciones de los nodos.

Siga estos pasos para una fácil interpretación:

1. **Identifique su ubicación.**

    Signo y casa.

2. **Interprete la colocación del nodo lunar en función de su ubicación.**

Una forma fácil es comprender las propiedades del signo y la casa con los nodos.

Comprender sus emociones puede ser una tarea compleja y abrumadora. Sin embargo, desde un punto de vista más positivo, estudiar su colocación lunar, la fase lunar bajo la que nació y cómo le afecta puede darle mucha información. La fase lunar actual también afecta sus emociones, así que observe cómo se siente bajo cada fase cada mes para acercarse a la comprensión de las complejas emociones humanas.

Además, puede dedicar algún tiempo a estudiar sus nodos para conocer su pasado y su futuro en esta vida.

Capítulo 6: Casas astrológicas

Ahora que está familiarizado con las cartas natales, el zodíaco, los planetas y las fases de la luna, este capítulo explica las doce casas astrológicas enumerándolas y mostrándole cómo ver su carta natal. Por último, explica las reglas de los signos zodiacales para evidenciar a qué casa pertenece cada uno.

Entender las casas en la astrología

La carta astral consta de doce secciones iguales que corresponden a las casas. Estas casas son diferentes de la rueda zodiacal, determinada por la rotación anual del Sol. Las casas reflejan la rotación de veinticuatro horas de la Tierra alrededor de su eje, y los dos sistemas se combinan a menudo en la lectura de una carta astral. Asegúrese de conocer la hora exacta de su nacimiento cuando elabore su carta astral, ya que el más mínimo cambio marca la diferencia.

Las casas de la carta astral son cruciales, ya que representan diferentes aspectos de su vida en función de su ubicación y hora de nacimiento. Cuando traza su carta astral, estas pueden indicar los retos a los que se enfrentará o se ha enfrentado, además de las ventajas que tiene en la vida.

No se preocupe cuando estudie su carta por primera vez. Es totalmente normal que tenga algunas zonas vacías, mientras otras están pobladas de símbolos. Mire primero su signo ascendente, que es su punto de partida. Busque el punto más a la izquierda de su línea del horizonte, ahí está el signo que procede de él y se aplica a su nacimiento.

Cuando mire las casas, empiece en el punto marcado con 1 o AC, en la parte central izquierda de la rueda zodiacal. Trabaje en sentido contrario a las agujas del reloj desde la primera casa hasta la duodécima. A continuación encontrará las descripciones de cada casa, que le ayudarán a comprender cómo influyen en su vida las casas situadas en signos específicos.

Primera casa/AC/Signo ascendente

La primera casa, también conocida como regente de la carta natal, determina cómo le perciben o le ven los demás. En otras palabras, es el reflejo de usted mismo ante el mundo. Es el lado de usted mismo que ven los demás. Debe saber que el Sol es su signo.

Segunda casa

La segunda casa representa la riqueza personal, los bienes materiales y la confianza en sí mismo. En concreto, rige todo lo relacionado con su situación financiera, incluidos los activos líquidos. También expresa sus sentimientos hacia esos bienes. Los sentimientos hacia las cosas materiales determinan las motivaciones a la hora de gastar dinero. La segunda casa también muestra la carrera que debe seguir para obtener buenas ganancias materiales.

Tercera casa

La tercera casa tiene que ver con la comunicación y cómo se relaciona con sus hermanos, la educación temprana y otros aspectos como los viajes locales. Determina cómo interactúa con los demás en diferentes aspectos de su vida.

Cuarta casa/*Imum coeli*/«Cielo inferior»

Esta zona de la carta se centra en las cosas que ocurren en los hogares. Algunos aspectos como las opiniones personales, las tradiciones, la familia y los antepasados son personales y mucha gente no quiere compartirlos con los demás.

Quinta casa

Esta casa representa las relaciones amorosas casuales, la creatividad, los flirteos, los enamoramientos, la diversión, los riesgos y el entretenimiento. Orienta en cuestiones amorosas.

Sexta casa

Esta casa trata de la salud personal, los animales domésticos, la rutina diaria y los compañeros de trabajo. Se ocupa de las cosas con las que se encuentra a diario. A menudo, los individuos que pertenecen a esta casa muestran un alto grado de organización y tienden a centrarse en la gestión del tiempo.

Séptima casa/Descenso/DC

Esta casa se refiere a los amigos actuales, los enemigos y las ex parejas. En esta zona se reflejan todas las relaciones y sociedades.

Octava casa

Esta es la casa de la transformación, la intuición, las deudas, el crecimiento y el poder. Se la conoce como la casa del sexo, la muerte, los tabúes y las posesiones ajenas. Esta casa rige el dinero y las posesiones de los demás. También es la más oscura de la carta natal, ya que rige la muerte y muestra cómo va a morir.

Novena casa

Es la casa de la educación, la ley, los viajes largos y el sentido de la vida. Las personas que pertenecen a la novena casa suelen ser curiosas y estar ansiosas por aprender cosas nuevas. Les anima a tener una mente abierta y a estar atentas al mundo que les rodea.

Décima casa/Cielo intermedio/*Mediun coeli*

Esta casa muestra su imagen, su posición pública o su carrera. Se encuentra en la parte superior de la carta y dice mucho sobre su historia única. Los individuos que pertenecen a esta casa son ambiciosos.

Undécima casa

Esta casa explica cómo se relaciona con sus conocidos, sus proyectos humanitarios, sus lecciones y sus esperanzas. El desarrollo de la humanidad domina esta casa, tanto en el mundo físico como en las ideas que lo rodean.

Duodécima casa

Esta casa trata de los deseos subconscientes, la salud mental, el castigo, la adicción, las relaciones secretas, la prisión, los enemigos, la magia y todo lo que se oculta a los demás. Las personas nacidas en esta casa son intuitivas y psíquicas.

Interpretación de las casas de la carta natal

Encuentre primero su ascendente y busque las casas correspondientes a cada planeta en su carta. Es necesario comprender la función de cada planeta para comenzar el proceso.

Una vez localizado el planeta, estudie lo que representa y cómo se aplica a la casa en la que se encuentra: ¿Cómo se manifiesta la energía? Puesto que cada casa tiene un significado, un análisis detallado de la carta le ayudará a comprender la conexión entre las distintas casas y la carta astral. La siguiente tabla destaca el significado de cada casa.

Casa	Significado
Casa 1	Ser, vitalidad, apariencia y fuerza vital.
Casa 2	Recursos, bienes y autoestima.
Casa 3	Rituales cotidianos, comunicación, hermanos y familia extendida.
Casa 4	Hogar, cimientos y padres.
Casa 5	Sexo, energía creativa e hijos.
Casa 6	Salud y trabajo.
Casa 7	Parejas comprometidas.
Casa 8	Salud mental, muerte y recursos ajenos.
Casa 9	Viajes, publicaciones, educación, religión, filosofía y astrología.
Casa 10	Carrera y actividades públicas.
Casa 11	Comunidad y buena fortuna.
Casa 12	Pérdida, dolor y vida oculta.

Significado de las casas astrológicas

Las casas astrológicas reflejan un viaje desde su yo inmediato hacia el mundo. Las seis primeras casas se conocen como «casas personales», ya que se centran en la imagen de uno mismo, los hábitos diarios, los valores y la ascendencia. Las otras seis casas son interpersonales, ya que se centran en las relaciones de pareja, las oportunidades profesionales, los viajes y las comunidades que se construyen.

La primera, casa del yo

Representa las principales facetas de su personalidad. Puede buscar en esta casa su representación física y los principales aspectos de su carácter. Se cree que los planetas natales que se encuentran en la primera casa tienen un efecto en la vida. Por ejemplo, Mercurio en la primera casa representa a un charlatán, mientras que la Luna muestra a alguien con grandes emociones. La primera casa es la que marca la transición de los planetas, lo que significa que allí se manifiestan los objetivos. Esto da origen a nuevos pensamientos, a la creatividad y a las ideas necesarias para dar forma al propio mundo.

La segunda, casa de las posesiones

Es la casa de las cosas materiales, el dinero y el valor. También se ocupa de las emociones relacionadas con estas cosas. La casa de las posesiones se ocupa directamente de lo material, y esto refleja seguridad. Aunque se ocupa principalmente de lo físico, también tiene que ver con lo mental y lo espiritual. Esta casa también refleja su propio valor.

La tercera, casa de la comunicación

Es la casa de la comunidad, la comunión y el movimiento. Si utiliza esta casa, podrá forjar mejores relaciones a pequeña escala. La comunicación es vital para construir amistades y es una gran solución para la mayoría de los problemas en diferentes situaciones.

La cuarta, casa del hogar y la familia

Con esta casa puede mirar a su entorno inmediato: el hogar y las relaciones familiares dentro de él. Cuando está rodeado de familia, se siente seguro, protegido y querido. La casa se extiende más allá de la infraestructura física y los lazos familiares para incluir a sus mascotas y cualquier otro ser vivo en su hogar.

La quinta, casa del placer

Una casa infantil, pero en sentido positivo. Aquí encontrará energía juvenil, creatividad, inocencia y relaciones románticas. Si busca expresarse, puede hacerlo a través de esta casa. También puede enfocarse en esta casa cuando desee sentir más alegría y felicidad en su trabajo, aficiones o empeños.

La sexta, casa de la salud

Esta casa está relacionada con todo lo que tiene que ver con la salud y el bienestar. Si desea hacer ejercicio, desarrollar sus músculos o mejorar su cuerpo, hágalo a través de la sexta casa. Utilice esta casa cuando se centre en el equilibrio entre trabajo y vida personal o cuando necesite reajustarse si ha estado trabajando demasiado. Esta casa le ayudará a gestionar mejor su tiempo cuando esté planeando su agenda.

La séptima, casa de las relaciones

La casa del cambio y de las relaciones. Esta casa incluye muchas cosas que afectan a su vida en general. Aquí se reflejan cosas como las amistades de toda la vida, las casas familiares, las finanzas y otras relaciones. Esta casa simboliza relaciones significativas y asociaciones románticas en su vida. Construir relaciones sólidas es importante, ya que determina cómo se relaciona con las personas que le rodean. Esta casa también le ayudará a cambiar de trabajo, cerrar algún trato o firmar un contrato.

La octava, casa del sexo, la muerte y la transformación

La casa de las grandes transformaciones (la muerte y el sexo son dos ejemplos) puede cambiar una relación y traer nueva vida al mundo. También tiene un toque sobrenatural (otro cambio de lo físico a lo espiritual) y, aunque la casa puede estar relacionada con lo oculto, no hay nada que temer.

Debe escuchar sus deseos y canalizarlos adecuadamente, pues la muerte nos llega a todos. En otras palabras, debe disfrutar de su corta vida. Sin embargo, esta casa recuerda que debe ser adaptable y evitar convertirse en prisionero del pasado. Debe estar dispuesto a abrazar el presente y el futuro. Los planetas que se mueven por esta casa recuerdan las complejidades de la vida y enseñan a afrontar distintas situaciones.

La novena, casa de la filosofía

Esta casa se ocupa del sentido de la vida, que no solo proviene de la filosofía. También se necesita educación y un sentido global del mundo. Debe mirar fuera de usted mismo y de la gente que le rodea para ver otras perspectivas e ideas. Las personas con planetas natales en la novena casa sienten curiosidad por conocer cosas diferentes.

Cuando esta casa es fuerte por la posición de los planetas, descubrirá que acepta mejor el conocimiento externo e incluso puede que lo busque estudiando o viajando. Esta casa le anima a ampliar sus conocimientos y a ver las cosas como los demás no las ven.

La décima, casa de la posición social

Esta casa se encuentra en la cúspide de su carta natal, lo que la convierte en el final de su historia, aunque, por supuesto, su historia no termina nunca. Esta casa trata de lo que quiere para su vida: sus aspiraciones, esperanzas y sueños para el mundo. Puede centrarse en esta casa para trabajar la ambición en su vida personal y profesional.

La undécima, casa de la amistad

En la vida no solo se necesita el trabajo y las relaciones; también a los amigos. Cuando logra algo, debe compartir la alegría con alguien cercano. Esta casa está asociada a las redes y otras actividades humanitarias. Esta casa enfatiza en la necesidad de recordar que sus amigos le ayudan a seguir adelante en situaciones difíciles.

La innovación y la tecnología están en esta zona. Si tiene una fuerte conexión con esta casa, probablemente tenga grandes ideas que pueden sacudir los cimientos mismos del mundo.

La duodécima, casa del inconsciente

Esta casa se ocupa más de lo metafísico que del mundo tangible. Busque en esta casa ayuda para descifrar sus sueños, emociones, sentimientos y otros secretos. Es posible que tenga una intuición excelente si es fuerte en esta casa.

Cuando los planetas se mueven por esta casa, atrae a personas kármicas; sin embargo, también recuerde que no todas las relaciones están diseñadas para durar. En la vida ocurren muchas cosas que afectan su forma de relacionarse con los demás. La duodécima casa está asociada con la energía de Piscis.

Los signos astrológicos y su relación con las estrellas del zodíaco

Comprender la conexión entre las casas y los signos del zodíaco es vital, ya que desempeñan papeles cruciales en las cartas natales. Comprender el significado de las diferentes casas ayuda a conocer los significados de cada planeta y cada signo del Zodíaco. Hay doce casas astrológicas y doce signos del Zodíaco, que están conectados entre sí. Las siguientes son las doce casas astrológicas y sus correspondientes signos del Zodíaco.

Aries: Primera casa.

La primera casa trata de usted y representa la identidad, el yo, la apariencia y la autoestima. Marte es dominante en esta casa y ayuda a avanzar. Esto significa que Marte también influye en Aries.

Tauro: Segunda casa.

La casa de los logros personales y los talentos. Puede buscar en Tauro sus valores y su valía personal. Si se centra en esta casa y signo, se siente más seguro y estable. Venus también influye aquí. Si pertenece a este signo del Zodíaco, le rodean varios aspectos relacionados con el amor.

Géminis: Tercera casa.

La tercera casa corresponde a Géminis y se centra en la comunicación, los procesos mentales y el intelecto. Esta casa se concentra en usar la lógica y pensar racionalmente para tener sentido. Géminis prioriza el aprendizaje en cualquiera de sus formas. Si pertenece a esta casa, debe tener ganas de aprender cosas nuevas y explorar el mundo que le rodea.

Cáncer: Cuarta casa.

La cuarta casa está muy influenciada por la Luna, pero está dominada por Cáncer. Busque en esta casa indicaciones sobre la familia y el hogar. Aquí están sus cimientos, su educación y quienes le han precedido. Cáncer actúa aquí como eje central y la luna como guía. También puede mirar a los demás signos de agua.

Leo: Quinta casa.

La quinta casa se ocupa principalmente del placer y está regida por el Sol, la fuente de la creatividad. Está directamente relacionada con Leo. Esta casa aporta placer en muchas formas: guía sus vacaciones y le ayuda con sus aficiones, pasatiempos e hijos.

Virgo: Sexta casa.

Es la casa de la salud, la riqueza y las rutinas diarias. Los aspectos de su rutina diaria se ven afectados por esta casa. Por lo tanto, está relacionada con la calidad de su trabajo en cualquier cosa que haga. Esta casa está relacionada con Virgo, que es detallista. Si pertenece a este signo del Zodíaco, las probabilidades de que tenga buen ojo para los detalles son muy altas.

Libra: Séptima casa.

Libra domina la séptima casa. Esta casa rige muchos tipos de relaciones: familiares, románticas y de amistad. También puede dejar que le guíe en sus relaciones de negocios.

Escorpio: Octava casa.

La casa de Escorpio está enraizada en la psicología y la transformación. Acuda a este signo cuando tenga que tratar con la muerte, el cambio o el renacimiento. Esta casa ayuda con las transiciones en todos los sentidos, con cualquier movimiento de una etapa de su vida a otra.

Sagitario: Novena casa.

La casa de la comprensión del mundo en diferentes niveles, mirando a las grandes preguntas y viajando a diferentes lugares para experimentar diferentes culturas. Cuando visita nuevos lugares, aprende cosas distintas a las que está acostumbrado o con las que se siente cómodo. Sagitario rige la novena casa, ya que se asocia con los viajes. Sagitario también está regido por Júpiter, el planeta de la sabiduría, la suerte y los viajes.

Capricornio: Décima casa.

La décima casa está relacionada con el estatus, la carrera, la posición social y la reputación. Se corresponde con el signo Capricornio, orientado a los objetivos, y está regida por Saturno, que es un planeta representado por la cabra de mar.

Acuario: Undécima casa.

La undécima casa también se conoce como la casa de la comunidad, que representa la fortuna. Se ocupa de las esperanzas, los grupos, los amigos y los sueños. Si pertenece a esta casa, estará ansioso por conseguir sus objetivos. Saturno y Urano rigen esta casa. La undécima casa es la representación del futuro. Acuario es el signo zodiacal de esta casa y se ocupa principalmente de la innovación. Acuario también se preocupa por hacer las cosas mejor para diferenciarse de las creencias de la mayoría de las personas.

Piscis: Duodécima casa.

La duodécima casa, conocida como la casa de los secretos, se ocupa del misticismo y la reclusión. Está regida por Piscis. Las personas que pertenecen a esta casa desean vivir vidas secretas. Esta casa está gobernada conjuntamente por Neptuno y Júpiter.

Las casas astrológicas reflejan el viaje vital que se recorre y reflejan las diferentes cosas que se encuentran en el camino. En este capítulo se explican los significados de las doce casas astrológicas y sus implicaciones en la carta astral, además de destacar los signos zodiacales que rigen cada casa y explicar la importancia de la relación entre ellos.

Capítulo 7: Alinearse con el propósito vital kármico

Encontrarle sentido a la vida y tener un propósito en la forma en que se trata a sí mismo y a los demás es uno de los mayores regalos del universo, y también uno de sus misterios más desconcertantes. La llamada búsqueda de sentido por parte de los seres humanos parece un tópico, pero en realidad es lo que impulsa muchos de los esfuerzos de la humanidad, tanto si es consciente a nivel práctico como si no. Pero ¿de qué habla el «propósito vital kármico»?

Probablemente se pregunte en qué se diferencia de las ideas habituales sobre encontrar el propio lugar en el mundo y si el trabajo tiene un propósito y repercute positivamente en los demás.

Este capítulo se dedica a averiguar con precisión cómo entender el propósito kármico de su vida y asegurarse de que aprovecha al máximo el regalo que se le ha dado.

Tiempos de distracción

Hoy en día estamos inundados de información. Podría decirse que la información que llega en ese diluvio rara vez es útil y puede tener efectos contrarios. En lugar de sentirse capacitado, se siente abrumado y confundido. Puede que la información que llega sin contexto a su teléfono u ordenador sea desinformación, rumores y mentiras que no tienen mucho sentido, pero que de todas formas le deja sin esperanza. Más que nunca, nos distraen guerras inminentes, una pandemia en curso, circunstancias económicas difíciles y un consumismo vacío: anuncios bonitos y falsos que prometen el mundo. Sin embargo, los productos dejan una sensación de vacío. Nuestra capacidad de atención es limitada y se ha reducido aún más con el tiempo, porque solo se puede retener cierta cantidad de información. Esto ha hecho que encontrar el propósito sea aún más difícil, ya que hay mucho ruido ahí fuera sobre lo que se debería hacer o cómo emplear el tiempo para sentirse productivo y digno del amor y el respeto de la comunidad. Lamentablemente, esa valía a veces está relacionada con cosas como el trabajo y el sueldo, la casa que se puede permitir, etc. Parece que la sociedad ha llegado a la conclusión de que el altruismo es para los tontos y que, a menos que se una al ajetreo diario, no está haciendo un trabajo significativo.

El mensaje para la generación del tercer milenio es aún más enrevesado, ya que el concepto de «esforzarse más» se ha confundido con «hacer lo que le gusta». Por supuesto, se ha gastado mucha tinta en cómo estos conceptos dispares se han transformado para crear gran parte del solipsismo y la tonta altanería de los *«millenials»* que dirigen Silicon Valley. Afortunadamente, esa fase está llegando a su fin, en parte debido a la pandemia y a cómo han puesto de relieve estas extrañas ideas, exponiéndolas como el eslogan vacío que siempre fueron.

En ese sentido, la llamada «gran resignación» parece ser una respuesta influenciada por el deseo de encontrar un propósito más elevado, añadiendo un significado profundamente espiritual a lo que se espera lograr en este planeta antes de abandonarlo. Seguimos distraídos por todo lo que nos rodea y estos son tiempos excepcionalmente difíciles. Sin embargo, cada vez son más las personas que se abren paso entre la tristeza y la desesperación, entre los ideales capitalistas de lo que supone ser una buena persona, y hacen algo que alimenta su alma y ayuda a los demás a sentirse queridos y seguros. Durante siglos, la humanidad se dedicó a comprender el concepto de «propósito» y a descubrir su significado. Ese filosofar parece haberse extinguido, y hoy en día no hay tantos filósofos activos ni sus palabras se consumen de la misma manera que en el siglo pasado.

Sin embargo, a pesar del ruido constante que nos rodea, el tema ha vuelto a surgir, atravesando la nube de frustración y acosando a muchísima gente. Ahora, las personas intentan comprender el propósito kármico de la vida y cómo encontrar el suyo. Tener un propósito central ha ayudado a muchos a vivir vidas largas y saludables durante años, porque sienten que tienen algo tangible por lo que vivir, un propósito central. Sin él, nos sentimos perdidos e inmovilizados. En esta sociedad profundamente individualista, es una herejía decir que se quiere vivir para algo que no sea uno mismo. Aun así, es un riesgo que vale la pena correr, ya que a la larga le hará sentir más arraigado y esperanzado respecto al mundo que le rodea.

Definiciones

Anteriormente, se dedicó parte del contenido de este libro a explorar el significado del karma y cómo puede aplicarse a la vida cotidiana. Como ya se ha dicho, karma en sánscrito significa acción o hecho, pero espiritualmente se refiere al principio de causa y efecto. Lo oímos como parte frases cotidianas, explicando cómo el karma es... bueno, ya saben el resto. Sin embargo, se trata de una definición bastante prolija y no del todo veraz de la palabra.

Karma, en principio, significa concentrar las intenciones para que influyan en el mundo que le rodea. Por lo tanto, si se preocupa por realizar buenas acciones, debería esperar un mejor karma a cambio, no necesariamente en esta vida, pero quizá sí en la siguiente o en la reencarnación. Por supuesto, las malas intenciones suelen ir de la mano de las malas acciones y contribuyen a que sucedan cosas malas. Una vez más, esto no significa que vaya a cosechar las consecuencias de inmediato, tal vez más adelante en su vida o en su reencarnación. Para la mayoría de las religiones indias, el karma está profundamente ligado a la idea de la reencarnación. Es un marcado contraste con la forma en que se ha adoptado el principio en Occidente, donde se piensa que las consecuencias ocurren aquí y ahora y no en otro plano metafísico de existencia.

Una vez aclarado esto, es hora de prestar atención a lo que entendemos por «propósito de vida» y su relación con el principio del karma. En la primera parte de este capítulo se ha explicado el sentido de la vida y la búsqueda del mismo por parte de la humanidad en general. Sin embargo, encontrar un propósito espiritual es ligeramente diferente de encontrar el sentido de la vida, aunque en cierto modo están relacionados. En realidad, encontrar un propósito espiritual tiene más que ver con convertirse en una mejor versión de uno mismo y, tal vez, con encontrar un trabajo satisfactorio y significativo, como dicen quienes están detrás de la gran resignación, aunque el trabajo es una parte de la ecuación. Cómo nos movemos en todos los ámbitos de nuestra vida y cómo nos tratamos a nosotros mismos y a los demás está en juego cuando se define este término en un sentido espiritual.

Actualmente, es muy fácil sentirse desconectado de la comunidad, de uno mismo y de la forma de vida espiritual. El desencanto con las religiones organizadas no ha hecho más que agravar este problema, provocando que la gente se separe en grupos aislados al no verse representada por ninguno de los sagrados reinos de las religiones mayoritarias. Se puede argumentar que el estado natural de la humanidad es tener un profundo núcleo de espiritualidad en su centro, y que su desgarramiento es una de las tragedias modernas de la vida cotidiana. Hay muchas razones comprensibles para ello, pero vale la pena subrayar que encontrar tiempo para la reflexión personal y la práctica de diferentes formas de bienestar espiritual es bueno para el individuo y la comunidad. Permite aprovechar la energía necesaria para luchar contra muchas de las injusticias del mundo. Sin la espiritualidad, el deseo de luchar por lo que es justo se debilita considerablemente.

Además, encontrar y cultivar el propósito kármico de la vida puede y debe ser su recompensa. Nadie lo hace para ganar nada a cambio. Si lo hace así, lo está haciendo de forma muy equivocada y estará más envenenado espiritualmente que el resto, que va por la vida sintiéndose entumecido. Nadie debe limitarse a dar muestras de su espiritualidad, sino actuar en privado. Buscar este propósito significa ser amable y compasivo y esforzarse por alcanzar la autorrealización, sin intentar apropiarse del trauma de los demás. También significa trabajar en su autoestima y florecer en sus relaciones personales. Por ejemplo, su círculo de amigos puede ser pequeño, pero debe incluir relaciones sanas con límites establecidos.

Además, el propósito vital kármico está completamente alejado de las preocupaciones materiales. Saque su carrera profesional de la ecuación, a menos que estemos hablando de las circunstancias específicas en las que su trabajo es tóxico o daña activamente al planeta de forma alarmante. En ese caso, le ayudará considerar la posibilidad de dejar su trabajo y encontrar otra cosa que le permita sentirse espiritualmente completo. Por lo general, las búsquedas materiales no forman parte de esto, pero pueden estar conectadas. Un propósito espiritual kármico está más alineado con el establecimiento y la aplicación de un conjunto de valores en la vida diaria. Estos principios ayudan a dar sentido a la propia vida e influyen inevitablemente en las decisiones que se toman.

Alinear el propósito kármico de su vida

Las palabras «alineación» y «karma» evocan una nueva era, un enfoque desventurado de la vida que suena demasiado loco para que la mayoría de la gente lo emplee o siquiera lo contemple. Surgen imágenes de astrólogos y quirománticos, profesiones legítimas, pero que no gozan del favor de la mayoría. Además, algunas de las ideas que subyacen a una vida con propósito pueden parecer prohibitivas desde el punto de vista del coste para muchas personas, y esta imagen envuelve gran parte del trabajo en una apariencia de elitismo de la que es difícil librarse. Afortunadamente, hay diferentes maneras de alinearse con el propósito kármico y sentirse parte de una comunidad mayor, y muchas de ellas son intervenciones modestas que no requieren mucho tiempo ni recursos.

Curiosamente, los millennials son reconocidos como una generación con menos lealtad a las marcas que las generaciones anteriores. Las empresas se dieron cuenta de que la forma de ganarse su confianza era defender una causa o un mensaje subyacente detrás de su producto. Esto no quiere decir que las generaciones anteriores no estuvieran interesadas en encontrar un propósito de vida y asegurarse de que sus hábitos de consumo lo reflejaran; en general, las generalizaciones no son útiles ni exactas. Sin embargo, parece que cuanto más se apoya la sociedad en la tecnología y en los mitos en torno al trabajo de oficina y la productividad, más probable es que las generaciones jóvenes pongan en entredicho estos conceptos. Aprendieron que ejercer su poder en el mercado es una forma de sentirse decididos a elegir cómo vivir sus vidas. Pues bien, hay otras formas más profundas de alinear el propósito kármico, lejos de la presión que las corporaciones ejercen sobre el bolsillo y la conciencia.

En primer lugar, estar alineado con el propósito kármico de su vida significa permitirse la vulnerabilidad. Brene Brown ha investigado mucho sobre el tema y ha desestigmatizado el sentimiento de abrirse a los demás, que a menudo se confunde con debilidad. Si realmente quiere algo, entregue su corazón y su alma a ese ideal sin expectativas. Además, nunca se sienta ajeno al trabajo espiritual que está haciendo: dejarse amar y servir a los demás mientras permite que ellos alimenten ese sentimiento es clave para tener un sentido de autoestima y propósito. Para convertirse en una persona que da, debe estar dispuesto a recibir. La confianza se construye sobre la voluntad de abrirse, y la gente no se siente segura con alguien decidido a cerrarse o poco dispuesto a recibir gratitud.

Esto significa que también debe ser usted mismo y nunca ser falso. Mantener los límites es saludable, pero no finja ser alguien que no es. Vivir con miedo a ser quien es o a que los demás le juzguen solo exacerba la sensación de que, en última instancia, es incapaz de cumplir el propósito de su vida. Para muchos, esto puede requerir un cierto grado de valentía, ya que ser honesto sobre quién es y qué busca no siempre es seguro o algo que la comunidad que le rodea fomente. Sin embargo, la autenticidad es parte integral de gran parte del trabajo que debe hacer, y se sentirá miserable si está en una situación que requiere que sea falso o que se cierre a los demás. Vivir la vida con sinceridad le permite ser más abierto y sentir más empatía por los demás, lo que, a su vez, repercute en cómo conecta con quienes le rodean.

Otra forma de alinearse con su propósito kármico es estar siempre dispuesto a tender una mano. Si puede ayudar de alguna manera, no lo dude. Quizá no pueda económicamente, pero tal vez pueda ayudar a los demás simplemente siendo amable, ofreciendo un hombro sobre el que llorar o escuchando las preocupaciones de otros. No juzgue ni sea demasiado ideológico. Parece mucho pedir en este mundo hiperpolarizado, pero no tiene por qué serlo. Si hay algo que puede hacer para beneficiar a los demás, es ayudar siempre que sea posible. Además, dé siempre a los demás sin esperar nada a cambio.

Esto enlaza con el siguiente punto, que es ser amable. Una sonrisa puede llevar muy lejos, y difundir alegría en lugar de un flujo constante de negatividad siempre es apreciado. Cuanto mejor sea el karma que aporta al universo, más en paz se sentirá. Aferrarse a la ira y el resentimiento sin una salida adecuada puede hacerle la vida aún más difícil, así que ayuda cambiar ligeramente de perspectiva y ser más abierto y cariñoso con el universo.

Meditar a diario, aunque solo sea cinco minutos, le ayudará a sentirse más tranquilo y sereno, sobre todo en los momentos difíciles. Su alma necesita tiempo para sanar, y lo mismo puede decirse de casi todo el mundo. Podría decirse que la meditación es el único momento del día que le permite sentirse enraizado y seguro en su cuerpo mientras trabaja para calmarse y sentirse preparado para el día que tiene por delante. Si le apetece, intente orar, ya que también ayuda a conectar con el universo a un nivel más profundo. Estas prácticas son tan antiguas como el tiempo y han servido durante muchos años. Mucha gente se ha beneficiado de la meditación y otras prácticas similares, y ayuda recordar que son herramientas que tiene a disposición mientras se embarca en este viaje.

Dado lo agotador que es todo en estos días, puede que se sienta agotado y abatido. Por supuesto, este es el caso de muchas personas, y se ha convertido en parte de una crisis de salud mental. Si se pregunta cómo romper el ciclo, algo que puede hacer es explorar nuevas formas de desarrollar su creatividad. La imaginación disminuye debido a las presiones de la vida moderna. Es necesario ganarse la vida, pagar deudas y cuidar la cordura ante un mundo increíblemente loco. Naturalmente, la creatividad muere en medio de todo esto, haciendo que se sienta desconectado de quienes le rodean. La creatividad no consiste solo en disfrutar o producir arte y artesanía; consiste en abrirse a diferentes experiencias y sentimientos, lo cual es clave para alcanzar un propósito vital kármico. Si se siente identificado, está bien que se tome un tiempo para usted mismo y deje que su mente divague.

También puede escribir un diario durante unos minutos al día. Aunque no pueda hacerlo durante media hora, cinco minutos escribiendo sus pensamientos, sentimientos y observaciones le ayudarán a superar lo que se interponga en su camino. Su imaginación empezará a florecer de nuevo. Tal vez pueda ir un día a un museo, ir en bicicleta al parque de su barrio y tomar notas de lo que ve. Si añade una buena dosis de creatividad a su vida, se abrirá a otras posibilidades u oportunidades que quizá había pasado por alto. Este trabajo le llevará a una alineación más profunda con su propósito.

Piénselo de este modo: cuando era niño, probablemente le gustaba explorar nuevas ideas y no podía esperar para aprender algo nuevo. Los cuentos, pintar con las manos, ver una buena película y jugar con amigos eran actividades que fomentaban el asombro y el cariño por el universo. A medida que nos hacemos mayores, olvidamos este sentido del asombro, que queda sepultado por el esfuerzo de simplemente tener que vivir y cuidarse en un mundo agobiante. Una vez que redescubra las cosas que le alegraban de niño, se sentirá más vulnerable y entusiasmado por alinearse con su propósito kármico y dar un mejor sentido al mundo.

Reflexiones

Hay muchas maneras de sentirse alineado con su propósito kármico y puede hacer mucho para cumplir ese propósito. En última instancia, forma parte de una búsqueda que puede ocupar toda su vida, y su propósito puede cambiar a medida que evolucione. Por lo tanto, antes de implementar cualquier cambio en su vida, debe hacerse algunas preguntas para lograr una mejor espiritualidad. Realice el siguiente cuestionario para guiarse y averiguar si está o no alineado con su propósito kármico de vida:

1. ¿Cuál es el propósito central de mi vida?
2. Quiero ser una buena persona, ¿cómo se define eso?
3. ¿Estoy conectando con las personas que forman parte de mi vida? ¿Existen formas de establecer vínculos más fuertes con ellos?
4. ¿Está mi trabajo diario en consonancia con lo que quiero hacer en la vida? ¿Produce resultados útiles e impactantes, o perjudica activamente a los demás, al medio ambiente, etc.?
5. ¿Estoy viviendo de la mejor manera posible, o hay puntos ciegos que necesitan ser llenados?

Anote sus respuestas a cada una de estas preguntas. Tómese su tiempo para pensar y reflexionar sobre lo que quiere conseguir en la vida. Con sinceridad, mida cómo está y anote las cosas que está dispuesto a cambiar o los enfoques que puede poner en práctica. La empatía, la compasión y la disposición a ser vulnerable no son fáciles y pueden llevar mucho tiempo. Poner el lápiz sobre el papel y ser más consciente de usted mismo y del mundo que le rodea es un paso importante en la dirección correcta.

Capítulo 8: Comprender e integrar las lecciones kármicas

Los ciclos kármicos son patrones de sentimientos, emociones, situaciones y realizaciones que se experimentan repetidamente a lo largo de la vida. Se presentan como oportunidades para desbloquear un nivel superior de conciencia o sabiduría y, en última instancia, romper los ciclos negativos. Las lecciones kármicas siguen repitiéndose hasta que las haya comprendido y dominado, de modo que no caiga en las mismas trampas una y otra vez.

Los practicantes de la Nueva era o de la espiritualidad india, el yoga y la astrología están familiarizados con el término lecciones (o ciclos) kármicas. Sin embargo, este concepto puede ser bastante extraño para quienes son nuevos en el mundo de la espiritualidad y la sanación. Independientemente de su nivel de experiencia, comprender en profundidad los conceptos de karma y lecciones kármicas es necesario si quiere iniciar su viaje de sanación.

Como habrá adivinado, la idea de las lecciones y los ciclos kármicos surge inicialmente del concepto de karma. Como recordará del Capítulo uno, el karma, como concepto, es la esencia de numerosas religiones indias como el budismo, el hinduismo, el sijismo y el jainismo. Cuando se menciona en un contexto espiritual, la palabra suele significar algo más que en su significado literal. El karma es una parte importante de la vida. Se centra en las acciones e intenciones. Si se piensa en un acto, aunque no se lleve a cabo, el karma actúa a través de él, por lo que es importante tener buenos pensamientos y realizar buenas acciones.

Los pensamientos positivos producen resultados positivos. Por otro lado, las malas acciones e intenciones crean mal karma, lo que se traduce en resultados negativos. Las personas con intenciones positivas que realizan acciones con resultados negativos involuntarios pueden crear un buen karma para sí mismas. En otras palabras, «lo que va, vuelve».

Reencarnación y ciclos kármicos

Probablemente esté familiarizado con el concepto de reencarnación en las religiones orientales. Según esa teología, todos vivimos varias vidas, cada una de las cuales nos da la oportunidad de crecer y trabajar en nosotros mismos para mejorar. Por desgracia, el crecimiento no se produce de la noche a la mañana. Se necesita tiempo, esfuerzo y deseo de cambio para convertirse en la mejor versión de sí mismo. Se deben superar con éxito una serie de retos espirituales, éticos y morales, también conocidos como ciclos kármicos.

Las experiencias, acontecimientos y situaciones que no se afrontaron correctamente en vidas anteriores toman la forma de lecciones kármicas. Cada quien debe aprender las lecciones que le corresponden, aunque no haya sabido aprovechar las energías de la mejor manera posible o no haya superado ciertos obstáculos, aunque haya tomado decisiones equivocadas o desechado oportunidades para cambiar su vida. Hasta que no lo haga, estas oportunidades de aprendizaje se le seguirán presentando. Una vez que domina las lecciones, las experiencias vitales se vuelven más fáciles de gestionar y, en general, es mucho más feliz y alegre. Supongamos que no supo gestionar un desafío moral en una vida pasada, en la que las presiones sociales, el miedo o incluso la falta de conocimiento le llevaron a actuar de forma contraria a su moral. Un ciclo kármico le presentará retos similares en su vida actual. Estos dilemas aparecen en los aspectos profesionales, familiares, románticos o sociales de la vida.

En este capítulo, aprenderá más sobre las lecciones y ciclos kármicos y lo que se puede aprender de ellos. Conocerá los signos que acompañan a las lecciones kármicas para ayudarle a identificar si está experimentando una. Por último, aprenderá a integrar estas lecciones en su vida.

¿Qué se puede aprender de un ciclo kármico?

Puede que se pregunte en qué le beneficia aprender de algo que no recuerda haber hecho. ¿De qué sirve si se ve obligado a aprender de situaciones que una reencarnación anterior de usted mismo manejó mal o de asuntos que quedaron sin resolver durante otras vidas?

Bueno, los ciclos kármicos suelen enseñar tres lecciones principales: Mantenerse en contacto con su moral y sus valores, ser fiel a usted mismo y confiar en el camino. Las lecciones kármicas pretenden enseñarle cuál es su papel en determinadas situaciones de la vida. El punto principal es que aprenda a asumir la plena responsabilidad de sus acciones, comportamientos, pensamientos y emociones.

Una vez que haya dominado una lección kármica, se dará cuenta de que es la única persona que puede recorrer su propio camino en la vida. Nadie vendrá a empujarle, motivarle o ayudarle a encontrar la felicidad. Depende de usted utilizar su intuición, aprovechar su fuerza, trabajar en su propio desarrollo y buscar la felicidad. Está hecho para ser independiente y transparente. Vivir su verdad es la única manera de romper el ciclo y asumir el reto. No es fácil salir triunfante de estos retos. Si lo fuera, no seguiría enfrentándose a ellos en esta vida. En lugar de resentirse o negar la necesidad de aprender, debe aceptar que está destinado a aprender y crecer a partir de estos obstáculos. Humillarse y aceptar esos ciclos kármicos es la clave para abordar estas lecciones con honor. Para triunfar debe hacer acopio de su fuerza interior y creer en su capacidad de crecimiento.

Señales de que está experimentando una lección kármica

Cada paso que da en la vida, ya sea positivo o negativo, tiene un resultado y conduce a una consecuencia. Por tanto, siempre hay una lección que aprender. Las buenas acciones tienen consecuencias positivas inmediatas que incitan a repetirlas. Por otro lado, suele ser más difícil aprender de los resultados negativos, sobre todo porque muy pocas personas se dan cuenta de que están experimentando una lección kármica. Afortunadamente, existen señales que le ayudarán a determinar si en una situación hay una lección de vida que aprender.

Las cosas le resultan extrañamente familiares

La forma más fácil de determinar si está experimentando una lección kármica es buscar patrones. Si está experimentando un ciclo kármico, probablemente siente que los acontecimientos de su vida giran en torno a los mismos temas. Tómese un momento para pensar en los problemas a los que se enfrenta en diferentes aspectos de su vida, ya sea en su carrera, relación o familia. ¿Tiene energía estancada cuando surgen estos problemas?

Quizá su pareja le recuerda a un padre tóxico, o se encuentra constantemente atrapado en entornos laborales perjudiciales. Tal vez su ciclo destructivo crea el mismo entorno malsano en el que creció. ¿Se encuentra atiborrándose de alcohol todas las noches como hacía su padre?

Los ciclos y patrones perjudiciales no son puramente espirituales. Según la psicología, los traumas generacionales y de la infancia y los estilos de apego personales dan lugar a bucles de comportamiento poco útiles. Estos bucles son lo que en espiritualidad denominamos ciclos kármicos. Se deben identificar los patrones, aprender los desencadenantes y rastrearlos hasta una causa para romper el ciclo.

Le falta control

¿Con qué frecuencia siente que no tiene control sobre su vida o al menos sobre algunos aspectos de ella? Hace todo lo posible por seguir un determinado camino o tomar la decisión que cree correcta. Sin embargo, ir según lo planeado se vuelve casi imposible, y siempre tiene que ir por otro camino. Las lecciones kármicas le dejan sin opciones. Le obligan a ir en una dirección determinada, aunque sea la opuesta a la que desea, porque quieren que vea el cuadro completo. En la mayoría de los casos, una lección kármica le obligará a ver algo de lo que no es consciente.

Las cosas no siempre salen bien. Sin embargo, si nota que esto se convierte en un patrón, debe dar un paso atrás y preguntarse dónde se equivocó, porque es el karma en acción.

Está atrapado en una relación kármica

Una lección kármica puede estar sucediendo si se encuentra con una persona y cree que no puede vivir sin ella. Al principio, todo parece un sueño. Siente que están destinados a estar juntos. Sin embargo, sus esperanzas y sueños sobre la relación empiezan a desmoronarse poco después. En un momento dado, salvar la relación es imposible, por mucho que intente arreglar las cosas. Sigue teniendo esperanzas e intentando arreglar las cosas incluso así, porque no puede evitar pensar que su vida se acabará en cuanto esa persona se vaya. El Karma le pondrá a prueba enviando continuamente a esta persona a su vida hasta que finalmente haya aprendido la lección.

Siempre atrae a personas similares

Ya sea un amigo o una pareja romántica, piense en las personas que atrae a su vida. ¿Todas sus parejas comparten rasgos similares? Tal vez su pareja actual comparte las tendencias controladoras de su padre o las maneras manipuladoras de su madre. La psicología revela que nos sentimos atraídos de forma natural por personas, situaciones e incluso emociones que nos hacen sentir cómodos, aunque siempre nos lleven al mismo ciclo traumático. Nos atrae lo familiar, aunque duela.

Si creció en un entorno en el que los problemas de ira eran una preocupación importante, cuando ve a su pareja enfadarse la sensación que tiene, por muy mala que sea, le resulta increíblemente familiar. Así que lo tolera, aunque le produzca dolor. Si creció con padres que no satisfacían sus necesidades emocionales, es posible que se sienta más cómodo en relaciones carentes de intimidad emocional, aquellas que le hacen sentir solo.

Siempre se enfrenta a sus miedos

¿Se ha dado cuenta de que la mayoría de las situaciones en las que se encuentra hacen aflorar al menos un par de sus peores miedos? ¿Estos acontecimientos le hacen preguntarse si realmente saldrá con vida? Parece que no puede acallar sus pensamientos hasta el punto de tener que experimentar múltiples noches de insomnio. Ninguna solución es lo bastante viable para sacarle de todos los problemas. A menos que identifique la lección en cuestión y la domine, no podrá encontrar una solución.

Tomemos como ejemplo la inseguridad financiera. Suponga que su mente se preocupa a menudo por los problemas monetarios. En ese caso, podría conformarse con trabajos que no le aportan felicidad ni satisfacción emocional durante años solo para garantizar la estabilidad y la seguridad financiera. Al mismo tiempo, no puede apartar de su mente las visiones del trabajo de sus sueños.

Si se enfrenta continuamente con problemas en su trabajo actual o incluso lo pierde, se trata de una oportunidad kármica que se le presenta. Tiene dos opciones: Buscar otros trabajos que prometan seguridad económica y carezcan de realización emocional, o dar un salto de fe y hacer lo que siempre ha querido. A menos que tome esta última opción y se enfrente a sus miedos, seguirá atrapado en el mismo ciclo kármico. Como ya se ha mencionado, los ciclos kármicos enseñan a reunir la fuerza y el valor necesarios para ser fiel a sí mismo. Siempre debe pensar en estos acontecimientos como oportunidades para reevaluar sus elecciones, su situación vital actual y sus deseos.

Siente que sus seres queridos se vuelven contra usted

Si mantiene la lección desaprendida, el karma tomará medidas drásticas para asegurarse de que rompa su ciclo. Debe saber que ha llegado el momento de tomar las riendas y cambiar las cosas cuando sienta que sus seres más queridos se están volviendo en su contra. Si su pareja actúa impulsivamente o su mejor amigo lo hace de forma irracional, se siente obligado a actuar de forma distinta a usted mismo. Ir en contra de su verdadera naturaleza y hacer cosas que normalmente no haría indica que debe aprender una lección.

Su lado más oscuro sale a la luz

No somos plenamente conscientes de cómo reaccionaríamos en determinadas situaciones a menos que nos encontremos en ellas. La mayoría de las veces, no somos conscientes de la magnitud o el extremo de nuestras reacciones. Por desgracia, las lecciones kármicas tienen una forma de llevarnos al límite. Nos siguen presionando hasta que arremetamos contra ellas, haciendo que afloren los rasgos más indeseables, rencorosos y desfavorables. Puede ser un lado de usted que ni siquiera sabía que existía.

Las lecciones kármicas son una puerta a la curación

Un ciclo kármico se abre camino en su vida para ayudarle a alcanzar un nivel superior de consciencia (en última instancia, uno que acompaña a un mayor nivel de juicio moral y ético en su vida). Lo crea o no, las lecciones kármicas tienen como principal objetivo ayudarle a sanar. Pueden ser muy dolorosas de soportar. Sin embargo, una vez que las supere, emergerá mucho más fuerte, más sabio y más independiente. Estas lecciones le ayudan a liberar todo su potencial y a convertirse en una mejor versión de usted mismo. Cuando decide trabajar en los aspectos mentales, espirituales y emocionales de su ser, da un gran paso hacia la plenitud. Con este esfuerzo, se realizará y sanará a un nivel mucho más profundo.

No es fácil emprender este viaje en solitario. Por eso, le recomendamos que acuda a un profesional de la salud mental (que respete sus creencias espirituales, por supuesto) para que le oriente en la dirección correcta. Un profesional de la salud mental puede ayudarle a identificar más fácilmente los patrones problemáticos. También le ayudará a determinar de dónde vienen, qué los desencadena y por qué le resulta tan difícil romper esos ciclos. Es importante entender que esta terapia puede ser angustiosa. También es muy difícil salir de la propia zona de confort y tomar decisiones diferentes. Tener a un profesional a su lado le proporcionará un apoyo muy necesario cuando las cosas se pongan difíciles. También debería considerar la terapia holística, ya que se centra en optimizar su salud física, emocional, espiritual y mental.

Aspectos a tener en cuenta

Tanto si elige recorrer este camino por su cuenta como si busca ayuda, debe centrarse siempre en su relación con usted mismo a lo largo de este proceso. Haga todo lo posible por practicar la autocompasión y evite ser demasiado crítico consigo mismo. Su prioridad es dar rienda suelta a su autenticidad y alinearse con sus valores. Llegar al otro lado de una lección kármica es todo un reto. Desarrollar continuamente la conexión con su yo auténtico y más genuino le dará fuerza. Sin embargo, puede aumentar sus posibilidades de romper estos ciclos perjudiciales.

Puede cambiar su vida simplemente poniendo fin a un ciclo kármico. Todo lo que necesita son las acciones adecuadas, intenciones, apoyo y, lo más importante, perspectiva. Con suerte, notará un cambio positivo gradual en las circunstancias de su vida. Es útil tener en cuenta que la esencia de las lecciones kármicas se extiende en más de una vida. Una vez que se libere de los bucles que le retienen, trabajar en su crecimiento y desarrollo personal será mucho más fácil. Notará que su carrera, su estilo de vida y sus relaciones románticas y sociales se elevan en el proceso.

No basta con reconocer que está experimentando un ciclo kármico que debe romper. No es más que el primer paso hacia el cambio, y aprender la lección es la mitad de la ecuación. Debe integrar lo que ha aprendido en su vida para sanar por completo.

Romper un ciclo kármico

Para romper un ciclo kármico, primero debe ser capaz de reconocerlo. Tómese un momento para reflexionar sobre las áreas problemáticas de su vida y anote cualquier señal de las mencionadas anteriormente. Analice sus relaciones personales y comprenda por qué se siente atrapado en este ciclo. Le ayudará a determinar qué lecciones debe aprender.

Practicar la autocompasión y la aceptación también es vital a la hora de romper un ciclo kármico. Una de las cosas más importantes que enseña una lección kármica es que siempre debe dar prioridad a sus necesidades en cualquier relación o situación. A menudo, no expresamos nuestros deseos y preocupaciones por miedo a herir a los demás. Por desgracia, esto hace que dejemos de lado nuestros valores, creencias y convicciones.

Solo puede superar una lección kármica confiando en su intuición. Solo entonces sabrá con precisión lo que espera y merece en cualquier relación. Su intuición nunca se equivoca, así que confíe en ella para que le guíe por el camino correcto. Romper un ciclo kármico puede dividirse en los cinco pasos siguientes.

Cómo integrar su lección kármica

1. Póngase en contacto con sus valores

Los problemas siempre ocurren cuando no es usted mismo o no está alineado con sus valores. Es más fácil dejar de lado todo lo que defendemos para complacer a la comunidad, hacer amigos o evitar discusiones innecesarias. Sin embargo, debe asumir la plena responsabilidad de su auténtico yo, acciones, creencias, comportamientos y pensamientos para desbloquear todo su potencial.

2. Ser autocompasivo

Somos nuestros peores enemigos. Nada nos frena más que esa voz ruidosa, exigente y crítica dentro de nuestra mente. ¿Cómo espera avanzar o trabajar por el crecimiento y el desarrollo personal cuando duda constantemente de sus capacidades? Practicar la autocompasión y trabajar el amor propio le ayuda a integrar sus lecciones kármicas. Cuando es autocompasivo, aprende a confiar en usted mismo, aumenta su fe y su fuerza. Sin autocompasión, seguirá conformándose con menos de lo que merece.

3. No viva para nadie más que para usted mismo

Todos caemos en la trampa de preocuparnos por lo que los demás piensan de nosotros antes de dar un paso adelante. Nos preocupamos por defraudar o decepcionar a los demás, incluso cuando estamos haciendo lo que es mejor para nosotros. Dejamos que otros determinen nuestro camino y escuchamos los consejos de los demás porque dudamos de nuestras decisiones. A veces, necesita detenerse a observar y darse cuenta de que es la única persona que puede decidir qué es lo mejor en su camino. Necesita empezar a buscar su propia felicidad.

4. Apóyese en su intuición y trabaje su independencia

Aprender a escuchar su intuición y mantener su independencia es la única manera de estar en sintonía con su verdad. No puede ser su verdadero yo si no confía en usted mismo o depende de los demás para orientarse.

5. Confíe en el viaje

Como se ha explicado anteriormente, debe aceptar que está destinado a aprender su lección kármica. El proceso no es fácil. Sin embargo, no debe estresarse porque todo se desarrolla como debe.

Romper un ciclo kármico requiere que haga muchos cambios significativos e incómodos en su vida. Tomar estas medidas drásticas no es fácil, especialmente cuando puede sentirse obligado a evitar sus problemas y volver al ciclo. Sin embargo, ayuda recordar el dolor que conlleva evitar los aspectos emocionales. Experimentar estos ciclos kármicos una y otra vez es mucho peor que enfrentarse a sus miedos y poner fin a la lección de una vez por todas.

Capítulo 9: Predicciones astrológicas

Un error muy común es creer que la astrología es un concepto nueva era que no tiene nada que ver con la realidad o que es una práctica mística más parecida a la adivinación que a otra cosa. No se trata de una verdad a medias, sino de una mentira descarada que oculta que la verdadera astrología se basa en varias disciplinas científicas y principios místicos. Se trata de una complicada exploración del sistema solar y de cómo las personalidades y trayectorias vitales están ligadas al universo. Por supuesto, muchos malos astrólogos han contribuido a la mala fama de este estudio. Los que escriben horóscopos en la gran mayoría de periódicos y revistas son los mismos que escriben mensajes dudosos en las galletas de la suerte desde sus despachos en casa. Por el contrario, los astrólogos profesionales son otra historia, y muchos son buenos en lo que hacen y se toman su trabajo muy en serio. Parte de ese trabajo consiste en utilizar la astrología para determinar predicciones útiles para sus clientes. Algunas de las herramientas que utilizan son complicadas y muy complejas, pero es posible hacer predicciones astrológicas uno mismo, siempre que se tengan claros algunos conceptos básicos. Este capítulo ayuda a que este trabajo le resulte más accesible y le proporciona unas cuantas herramientas vitales que le facilitarán mucho la tarea de obtener usted mismo los beneficios de las predicciones astrológicas.

Cómo funcionan las predicciones astrológicas

En su definición más sencilla, la astrología es el estudio de los movimientos y posiciones de los cuerpos celestes (las estrellas y los planetas) y de cómo se interpretan sus influencias en la vida humana y en el mundo natural. La práctica de la astrología sostiene que muchas de las respuestas que busca la gente pueden encontrarse simplemente mirando hacia arriba y tomando notas del cielo. La palabra predicción significa pronosticar un acontecimiento o suceso concreto. En este sentido, se trata más de comprobar algo como la previsión meteorológica que de mirar en una bola de cristal y adivinar el futuro. Una predicción es solo eso: una predicción y nada más. La gente confunde lo que significa una predicción astrológica, pero la realidad es algo mucho más fundamentado de lo que aparece en los libros o programas de televisión convencionales. Una predicción astrológica es una forma de encontrar el camino a través de la niebla, y si llueve, bueno, al menos está preparado.

Por lo tanto, una predicción astrológica definitivamente no proporciona conocimiento del futuro. Más bien, presenta una serie de puntos de referencia para ayudar a comprender mejor determinadas situaciones y la mejor manera de reaccionar o decidir en función del contexto. Por ejemplo, una predicción astrológica popular son los horóscopos. Los astrólogos suelen escribirlos (los buenos) y se presentan según los signos solares. No es nada muy complicado. La mayoría de los horóscopos legítimos se presentan mensualmente en lugar de semanalmente y dan ideas vagas sobre cómo le harán sentir ciertos acontecimientos.

Digamos que es Acuario. Un ejemplo de horóscopo podría ser algo así:

Estos días se encuentra distraído por una gran variedad de personas, lugares y conceptos maravillosamente atractivos. Le proporcionan una forma tangible de distanciarse de sus necesidades emocionales, lo cual puede ser conveniente. Como no es de los que disfrutan siendo terriblemente introspectivo, podría utilizar la mayor parte de sus energías para conectar con los demás en lugar de centrarse en su vida interior. Eso está muy bien, pero recuerde que debe ser generoso y no juzgarse a sí mismo como a los demás. Pensar un poco y ocuparse de sus necesidades no significa que sea egoísta. Trabaje para cambiar su perspectiva y tenga en cuenta que es tan digno de respeto y curiosidad intelectual como los demás.

Este tipo de escritura del horóscopo puede resultarle familiar. Muchos consejos se sitúan en el terreno de lo conceptual y muy pocos tienen algo que ver con algo concreto que le esté sucediendo en este momento. Sin embargo, si le da al horóscopo el valor que tiene, se dará cuenta de que muchos de estos consejos aparentemente generales son algo que podría escuchar en cada momento de su vida. Esa es la cuestión: las predicciones astrológicas adoptan la forma de consejos y ofrecen orientación sobre cómo afrontar las cosas con las que está luchando. Una predicción astrológica, ya sea un horóscopo o cualquier otra cosa, no es algo sacado de un libro de Nostradamus, por ejemplo: «El universo terminará en el año 2000». Por supuesto, Nostradamus era un astrólogo de talento; sin embargo, sus predicciones han sido sacadas de contexto o malinterpretadas por los poderes fácticos para denotar otras cosas que él no pretendía introducir en la conversación popular. La cuestión es que una predicción no suele ser (si es que lo es alguna vez) una forma de decirle lo que ocurrirá mañana, la semana que viene o el próximo año. Son fragmentos de información basados en su signo solar y en los movimientos planetarios en el cielo que le ofrecen una guía espiritual para ayudarle a comprender mejor en qué momento se encuentra su vida.

Cómo hacer predicciones astrológicas

Hacer una predicción del futuro no es una tarea fácil y suele basarse en herramientas muy precisas que los astrólogos utilizan para descifrar lo que sus clientes deben esperar en los próximos meses. Para hacer una predicción astrológica se utilizan varias técnicas, algunas de las cuales se basan en tránsitos, progresiones y retornos.

Antes de entrar en profundidad en estas técnicas, es útil desvelar antes las herramientas que se utilizan para elaborar predicciones astrológicas. Para empezar, necesita una efeméride. En la práctica de la astronomía y la comprensión de la navegación celeste, una efeméride es un libro que contiene tablas que le proporcionan la trayectoria de los objetos astronómicos naturales, e incluso de los satélites artificiales, en el cielo durante un período determinado. Algunos libros tienen información suficiente para unos pocos años; sin embargo, la mayoría se dedican a evidenciar estas cosas durante cientos de años seguidos. Las efemérides son necesarias para las naves espaciales que se dirigen a una misión en el espacio exterior, pero los astrólogos también las utilizan para orientarse en las complejas realidades de las estrellas y los planetas en su relación con los signos solares y lunares. Son una herramienta de cualquier astrólogo serio para hacer una predicción astrológica para sí mismo o para otros.

Lo siguiente que necesita, posiblemente la herramienta más importante de su arsenal, es una carta natal. La carta natal muestra la posición de los planetas cuando nació. Esa posición le ayuda a comprender quién es y en qué viaje se encuentra. Necesitará su fecha, la ubicación y la hora exacta en la que nació para crear una carta natal. Si no está seguro de la hora, haga una estimación o empiece a las doce del mediodía. A continuación, dibuje los planetas y las casas. Si esto le parece demasiado complejo, utilice una plantilla de carta astral gratuita en línea con la información correcta.

Al final, la carta natal tiene el aspecto de un pastel de doce rebanadas. Cada porción se denomina casa. Cada casa está asociada a un signo del Zodíaco. Y cada zodíaco influye en su vida. Las secciones del centro se denominan aspectos y describen cómo se comunican entre sí los planetas natales de su carta. Por ejemplo, puede tener un signo solar Tauro, pero su signo lunar es Piscis y su signo ascendente Leo. Cada uno de ellos influye en distintas partes de su personalidad y proporciona señales importantes sobre cómo se desarrollan los distintos aspectos de su vida. Cada aspecto tiene una forma, una línea y un color diferentes que se unen en varios puntos de intersección. Dependiendo del grosor de la línea, podrá entender la fuerza de una conexión concreta y qué deducir de ella basándose en otros datos que tenga a mano.

Para leer una carta astral, hay que mirar tres cosas al tiempo: Cada planeta y su signo solar concurrente, la casa en la que reside el planeta y las conexiones que establece con otros planetas. Esta información revela detalles intrincados sobre quién es, sus miedos, sus puntos fuertes, su familia, su infancia, etc.

Esto nos lleva a las técnicas mencionadas anteriormente y a cómo se realizan las predicciones astrológicas. Los tránsitos son quizá la más fácil de entender de las tres complejas técnicas. Si quiere predecir lo que le ocurrirá a alguien en un día determinado, lo único que tiene que hacer es comparar las posiciones de los planetas en el cielo con sus posiciones en la carta natal. La posición de los planetas que se mueven en el cielo se denomina tránsito. Si en su carta natal se lee que Plutón está a veinte grados de Acuario y transitando Venus, significa que hoy es un día Plutón-Venus para usted, lo que es un buen momento para relajarse en casa y hacer jardinería, cocinar, etc.

Las progresiones son un poco más complicadas; sin embargo, funcionan de forma similar. Los astrólogos utilizan diferentes progresiones, pero la más común es una progresión de un día por un año, a veces denominada progresión secundaria. Esta progresión se calcula añadiendo un día a la fecha de nacimiento por cada año de la vida de la persona. Esta técnica permite mirar hacia el futuro, quizá dentro de diez años, y leer lo que la carta secundaria predice que ocurrirá en ese momento. Tal vez se produzca un hito importante o el desencadenamiento de una relación romántica.

Otra progresión que utilizan los astrólogos es el día de un mes o la progresión terciaria. Esta carta de progresión añade a la fecha de nacimiento un día por cada mes de vida. También existe la dirección del arco solar, que no se utiliza tan a menudo por su complejidad, pero a la que los astrólogos también recurren para orientarse. Consiste en observar los planetas, cómo se mueven y giran dentro del sistema solar y cómo eso se relaciona con la información de una carta astral determinada.

La última técnica popular de predicción astrológica es el retorno. Marca el momento en que un planeta en tránsito regresa a su posición de nacimiento. Así, si la posición de su Sol es doce grados y quince minutos de Cáncer, el Sol volverá a esa misma posición cada año alrededor de su cumpleaños. A partir de esta información, se crea una carta y se utiliza para predecir varios asuntos que debe tener en cuenta anualmente. Del mismo modo, la Luna debe volver cada mes a la misma posición en la que usted nació, y la carta creada con este fin se denomina carta de retorno lunar. Esta técnica rinde homenaje a los elementos de nuestra trayectoria vital, que son cíclicos y se realinean, una y otra vez.

Descifrar los tránsitos planetarios

Para esta sección y para facilitar la comprensión, volvamos brevemente a un concepto más sencillo: los tránsitos astrológicos y qué información dan a su carta natal. Lo que sigue es una muestra de cómo podría verse:

Planetas: Venus, Plutón, Júpiter.

Natal: 7 - 2

Reglas: 9 - 3,8

Luna: 56 - 24

Sol: 4 - 3,1

Por supuesto, esto es solo el principio del trabajo, ya que se encontrará con diferentes iteraciones que deberá anotar a medida que avance en el gráfico. De nuevo, la mayoría de los gráficos son bastante complicados, así que compare varios recursos en línea con las plantillas establecidas para usted. Debe introducir algunos datos biográficos básicos sobre usted y luego avanzar basándose en lo que ya le han proporcionado. Una de las ventajas de introducir estos datos en internet es que también puede consultar la carta natal y la carta de tránsitos y buscar una fecha futura concreta para determinar lo que se puede encontrar en ese momento. Una efeméride también es útil, ya que proporciona una relación más detallada de los movimientos planetarios diarios y de cuándo los planetas salen de un tránsito específico. En términos sencillos, cuando el retorno planetario sitúa la posición del planeta en la misma posición en la que estaba en el momento de su nacimiento.

Todo esto es bastante complicado y mirar la rueda de su carta astral puede resultar abrumador. Sin embargo, si se toma el tiempo necesario para observar detenidamente lo que le dice cada dato, con el tiempo sabrá cómo descifrar los códigos que el universo establece para usted en su nacimiento. La astrología es una ciencia compleja y, para tener una visión holística de lo que dice una carta astral, también hay que tener conocimientos de astronomía y de algunas de las ramas más místicas de la religión y los estudios psíquicos. Por lo general, se puede aprender mucho haciendo algunas intervenciones sencillas y utilizando una carta astral en beneficio propio. Por suerte, muchos recursos en línea están haciendo que estos fundamentos sean más accesibles y digeribles, más allá de este libro.

Además, gran parte de este trabajo consiste en practicar. Una vez que haya estudiado los planetas y las casas y comprendido las características de cada signo, puede sacar una efeméride y esbozar diferentes ideas que le ayuden a navegar mejor por la forma en que el sistema solar habla de sus experiencias y rasgos de personalidad. La carta astral es portadora de muchos secretos y, en ese sentido, puede descifrar distintos aspectos de su vida y averiguar las predicciones astrológicas que tengan más sentido para usted.

La gente lleva milenios recurriendo a la astrología para predecir el futuro. Seguir los patrones y movimientos celestes es una técnica precisa que exige a los practicantes una gran compasión y responsabilidad. Tanto si hace predicciones para sí mismo como si las hace para los demás, debe ser detallista en este arte. A veces, la obsesión por las predicciones revela más las ansiedades que cualquier otra cosa, y es importante reconocer esa tendencia al hacer predicciones astrológicas.

Si cree que las preocupaciones éticas en torno a las predicciones astrológicas son exageradas, considere lo siguiente: Durante mucho tiempo, los gobernantes de los imperios confiaban en los astrólogos para mantener su poder. Si el astrólogo comunicaba información desfavorable, era encarcelado o incluso asesinado. Así pues, la capacidad de aportar un cierto nivel de precisión y cuidado a la práctica de la astrología es importante y a menudo se califica de necesidad.

Además, la gente piensa que hacer predicciones astrológicas dice lo que ocurrirá en el futuro, y posiblemente le den consejos para evitar sucesos horribles. Pues bien, la astrología no da resultados inevitables. En realidad, es mejor pensar en la astrología como una forma de hacer previsiones en lugar de predicciones. La principal diferencia es que la astrología permite una guía temática e interpretativa para leer lo que podría ocurrir en el futuro. En este sentido, los horóscopos son un buen ejemplo, ya que proporcionan una idea de lo que podría ocurrirle según su signo solar, pero no dirán algo tan directo como: «Alguien se le declarará el veintiuno de mayo».

Conviene recordar que, por muy preciso que sea el trabajo que hay detrás de la astrología, la predicción astrológica no ayuda a predecir un acontecimiento futuro ni nada concreto. Más bien proporciona una idea general de cuándo esperar un hito importante y orientación para manejarlo en función de los rasgos de su personalidad y su historia. Permite establecer expectativas para sí mismo y para los demás sobre cómo afrontar distintos asuntos y avanzar a partir de ahí. Recuerde siempre que está en juego el concepto de libre albedrío, y que el mero hecho de que le ocurra algo no significa que tenga que seguir así o no trabajar para alterar los preparativos de ese acontecimiento. En última instancia, la decisión es suya y esta información le ayuda a tomarla correctamente.

Capítulo 10: Reencarnación: la ley del retorno kármico

Al leer este libro, es probable que ya se haya topado con la idea de la reencarnación y la ley del retorno kármico. Aunque en otros capítulos se tocó este concepto superficialmente, debería saber mucho más sobre estas dos ideas.

Si le cuesta entender cómo se relacionan el karma y la reencarnación y qué significa la ley del retorno kármico, no se preocupe: está en el lugar adecuado. Este capítulo cubre todo lo que necesita saber y le da la oportunidad de reevaluar su karma para ver cómo ha cambiado al leer este libro.

Comprender la reencarnación y la ley del retorno kármico

Antes de que entienda cómo el karma y la reencarnación están relacionadas, primero debe entender lo que estas ideas significan más allá de la definición de los dos términos.

Según el Cambridge English Dictionary, reencarnación significa la creencia de que el alma o espíritu de una persona muerta vuelve a la vida, no en su cuerpo, sino en otro.

En el hinduismo y otras tradiciones religiosas indias, la reencarnación también tiene un elemento espiritual. La primera referencia a la reencarnación se encuentra en los *Upanishads,* textos hindúes anteriores al budismo y al jainismo. Aunque la idea de la reencarnación difiere entre las tradiciones hindúes, en general el hinduismo sostiene que el cuerpo y el alma son diferentes. Mientras que el cuerpo físico muere, el alma no. El alma es inmortal.

Además, hay que señalar que la idea hindú del alma es ligeramente diferente de la que se tiene en las filosofías occidentales. En estas, el alma incluye las capacidades mentales de una persona, los sentimientos, los recuerdos, los pensamientos, etc. En el hinduismo, estos elementos forman parte del yo material o cuerpo de una persona. En cambio, el alma es el yo más íntimo, la esencia interior de una persona que no se ve afectada por su personalidad ni su ego.

El jainismo y el budismo tienen ideas del alma similares a las del hinduismo. Sin embargo, en el budismo, el alma (o *atman*) no es permanente, a diferencia del hinduismo. Aunque existe la reencarnación, no hay un atman permanente que una todas las vidas de una persona. Más bien existe la impermanencia, y todo lo que constituye a un ser se disuelve al morir, tras lo cual renace. En el jainismo, el alma (o *jiva*) comienza su viaje en un estado primordial, y a medida que atraviesa los ciclos de nacimiento y reencarnación, evoluciona.

En el hinduismo, no se piensa en una vida separada después de la muerte. En cambio, el karma afecta a la vida después de la muerte. Alguien puede ir al cielo si ha hecho cosas buenas, al infierno si ha hecho cosas malas, o de vuelta a la Tierra para seguir creciendo en su viaje. A medida que haga más el bien, se convierte en un ser humano cada vez mejor. Además, las circunstancias de las vidas futuras también dependen del karma.

Sin embargo, esta reencarnación no es permanente: incluso los dioses y los demonios mueren y renacen en función de su karma. Este ciclo de nacimiento, muerte y reencarnación continúa hasta que una persona alcanza el conocimiento espiritual y el buen karma necesarios para lograr *moksha*, un estado de dicha absoluta y una salida de los ciclos de reencarnación.

La tradición budista de la reencarnación es similar a las tradiciones hindúes, en las que el karma afecta la reencarnación, y el ciclo de nacimiento, muerte y reencarnación es interminable. En el budismo solo se puede liberar de este ciclo alcanzando el nirvana.

En el jainismo, el karma tiene aún más importancia que en el hinduismo y el budismo. Al igual que en el budismo y el hinduismo, el karma influye en la vida presente y futura. Además, se cree que algunas almas existen en un estado de *abhavya*, o incapacidad: estas almas son incapaces de alcanzar la *moksha* o liberación. Un alma entra en el estado de *abhavya* después de realizar intencionadamente un acto de gran maldad.

Los jainistas sostienen que existen cuatro estados de existencia o categorías de nacimiento. Una persona puede renacer en: *asdevas* o semidioses; *manusya* o humanos; *tiryanca* o animales, plantas y microorganismos; y *naraki*, que significa seres del infierno.

Estos seres viven en un universo escalonado verticalmente: los semidioses en la cima y los seres del infierno en la base. Cuanto mejor sea su karma, más arriba renacerá y mejores serán sus circunstancias cuando reencarne. El texto jainista *Bhagvati sutra* especifica qué acciones conducen a qué formas de reencarnación: la violencia, matar criaturas y comer animales y peces conducen a la reencarnación como un ser del infierno, mientras que decir mentiras y participar en engaños y fraudes conduce a la reencarnación en el mundo de los animales y las plantas. Ser amable y humilde conduce a la reencarnación como ser humano, y ser austero y llevar una vida de devoción y fidelidad a los principios jainistas conduce a la reencarnación como semidiós.

Al igual que en el hinduismo y el budismo, es posible liberarse del ciclo de nacimiento y reencarnación abandonando los apegos y siguiendo las catorce etapas del camino hacia la liberación (conocido como *Gunasthana*). Algunas versiones del jainismo sostienen que un alma debe pasar por 8.400.000 situaciones de reencarnación antes de alcanzar *moksha*. Sin embargo, como no sabemos dónde se encuentra nuestra alma actualmente, debemos esforzarnos siempre por seguir el camino del *Gunasthana*.

El concepto que tiene el sijismo del karma y el renacimiento es relativamente distinto del que tienen las otras grandes religiones indias. Al igual que las otras tres religiones, el sijismo también cree en un ciclo de nacimiento, muerte y reencarnación. Del mismo modo, el karma de una vida afecta a las circunstancias de las vidas futuras. Sin embargo, allí el karma solo influye en sus vidas futuras. Es posible alcanzar la liberación del ciclo de nacimiento y reencarnación a través de la devoción a un dios, más que a través de un camino específico para liberarse de los apegos y obtener un buen karma. El sijismo fomenta la devoción a un dios para obtener el *mukti* o liberación.

La ley del retorno kármico ha permanecido relativamente similar en las principales religiones indias. Como ya se ha mencionado, el concepto de reencarnación sostiene que el karma de las vidas pasadas y actuales repercute en las vidas futuras, pero solo en ellas, como en el sijismo, o determinando la forma de la reencarnación y con la posibilidad de alcanzar la liberación del ciclo de nacimiento y reencarnación, como en el hinduismo. Sin embargo, en las cuatro principales religiones indias, el karma desempeña un papel fundamental en las vidas futuras.

Por esto, estas religiones sostienen que es esencial realizar acciones que proporcionen un buen karma. Cuanto mejor sea su karma, mejores serán sus vidas futuras. En cambio, cuanto peor sea su karma, peor le irá en el futuro, en esta vida o en una vida futura lejana. Cada acción que realice tiene un impacto sobre usted, aunque no sea inmediato.

La ley del retorno kármico no es un sistema de castigo y recompensa, sino simplemente una ley que subraya las consecuencias de las acciones de las personas. Por ejemplo, en el jainismo, los dioses no influyen en el destino. Todas las circunstancias de la vida son el resultado del karma. Esto también se conoce como la ley de causa y efecto o la ley de acción y reacción. En esencia, significa que todo lo que pone en el mundo, tanto bueno como malo, lo recibe de vuelta en el futuro.

Cómo afecta el karma a su vida actual

Dada la idea de la reencarnación, es fácil creer que el karma de su vida presente no afecta a sus vidas futuras. Sin embargo, hay dos consideraciones a tener en cuenta:

- No todo el karma afecta a las vidas futuras: es posible que únicamente sienta el efecto de una parte del karma que ha ganado en esta vida.
- El karma de sus vidas pasadas puede afectar a su vida actual. Así que, cuando considere lo bueno y lo malo de su vida actual, tenga en cuenta que sus acciones afectan de forma similar a una futura reencarnación de usted mismo.

Comprender cómo afecta el karma a su vida actual le ofrece la oportunidad de tomar medidas para mitigar estos efectos o actuar de forma que gane karma «positivo». Aquí tiene cinco formas en las que su karma afecta a su vida actual:

1. Dado que el karma no tiene fecha de caducidad, es muy probable que algunos o todos los acontecimientos de su vida actual sean el resultado de las acciones de su alma en una vida (o vidas) pasada. Piense en ello como si fuera el equipaje que lleva durante un largo viaje o, en términos de su alma, un viaje a través de múltiples reencarnaciones. Su equipaje pesa más o menos a medida que lo aumenta (realiza acciones que generan karma, negativo y positivo) y lo reduce (experimenta los efectos del karma pasado). Lo ideal es ir por la vida con una carga kármica lo más ligera posible, lo que requiere revisar y mejorar el karma pasado. Esto es lo que ofrece la astrología kármica.

2. Ninguna persona de su vida está ahí por casualidad. Karma significa que el papel de cada persona en su vida se debe a sus acciones pasadas. Cada persona está destinada a enseñarle una lección específica. En particular, las relaciones kármicas se desarrollan según lo previsto, independientemente de sus acciones. Por lo tanto, la comprensión de su karma y su efecto (si lo hay) en sus relaciones le permite moverse a través de este plan y comenzar nuevas relaciones en sus propios términos.

3. La ley del retorno kármico significa que sus acciones afectan las circunstancias de su vida actual. Sin embargo, es esencial tener en cuenta que estas circunstancias no solo se ven afectadas por su karma negativo, sino también por su karma positivo. Por lo tanto, es crucial vivir una vida auténtica y veraz que le permita dejar atrás el karma negativo de vidas pasadas y comenzar sus vidas futuras con un karma positivo.

4. El efecto del karma a menudo causa una inversión de papeles en la reencarnación. Por ejemplo, sus padres pueden haber sido sus hijos en una vida anterior, mientras que un amigo íntimo puede haber sido alguien que le caía mal. Aunque en sus respectivas vidas pasadas se relacionara con las personas que hoy conoce, estas relaciones y su impacto podrían haber sido muy diferentes. debe abordar sus relaciones actuales con la perspectiva de que sus almas están conectadas a través de las vidas, incluso en vidas futuras. Actúe pensando en cómo quiere que se desarrollen sus futuras relaciones.

5. Como probablemente haya adivinado por las formas en que el karma afecta a su vida actual, el karma se repite a lo largo de las

vidas. Conoce a las mismas personas y comparte relaciones similares a medida que avanza por la vida. Esto plantea varias preguntas. ¿Por qué suceden acontecimientos similares a lo largo de la vida? ¿Qué debe hacer para romper estos patrones de repetición y similitud? La repetición del karma le enseña a realizar acciones diferentes para conseguir resultados diferentes. Debe someterse a una verdadera introspección y evaluar sus puntos fuertes y débiles para determinar qué puede cambiar. El cambio desde el interior también conduce a un cambio externo, lo que le permite modificar y alterar los patrones del karma. Aquí es donde entra en juego la astrología kármica, y estas modificaciones le permiten a usted (y a su futuro yo) vivir su vida (o vidas) a su manera, sin la carga de sus vidas pasadas agobiándole.

Cosas que puede hacer para atraer buen karma

¿Se pregunta cómo atraer el buen karma? Hay numerosas acciones positivas que puede realizar, incluyendo:

- Practicar la bondad y la compasión hacia usted mismo y hacia los demás.
- Perdonarse a sí mismo y a los demás.
- Ayudar a los demás.
- Dar buenas recomendaciones a los demás.
- Ofrecerse como voluntario.
- Ayudar a alguien a encontrar trabajo.
- Agradecer a los demás su ayuda.
- Donar algo valioso a una buena causa (dinero u otro valor, como su tiempo).
- Enseñar algo a alguien. No tiene por qué ser un libro, puede ser algo tan sencillo como enseñar a un amigo a preparar una taza de té.
- Escuchar a los demás cuando le hablen.
- Ofrecerse a los demás.
- Reflexionar sobre sus actos.

Atraer el buen karma requiere esencialmente que sea amable y compasivo con los demás. Todas las acciones mencionadas que ponga en práctica atraen buen karma. Al mismo tiempo, evite hacer daño a los demás, incluidas las criaturas no humanas. El daño a los demás atrae karma negativo y evitarlo conscientemente lo reduce de forma significativa, especialmente porque la intención es una parte de lo que le hace ganar karma negativo.

¿Qué tan bueno es su karma?

Es posible que haya respondido al cuestionario «¿Qué tan bueno es su karma?» del primer capítulo. Sin embargo, ahora que sabe más sobre la astrología kármica y el karma en general, es probable que haya tomado medidas para asegurarse de atraer el karma positivo y reducir el negativo.

Es aconsejable que vuelva a realizar el cuestionario, ya que le permitirá comprender mejor cuál es su situación actual y qué acciones debe emprender para ganar más karma positivo.

Responda a cada pregunta con sinceridad y calcule sus resultados siguiendo las instrucciones que aparecen al final del cuestionario.

1. **Encuentra una cartera abandonada en el tren. Decide:**
    a) Buscar al propietario.
    b) Dejarla donde está, ya vendrá alguien a buscarla.
    c) Sacar el dinero y devolver la cartera.
    d) Quedársela para usted.

2. **¿Habla con personas sin hogar?**
    a) Lo hago si lo necesitan.
    b) Quizás un «hola» al pasar.
    c) Me siento un poco nervioso haciéndolo.
    d) Nunca.

3. **Si le hace un favor a alguien, ¿qué hace?**
    a) Mantenerlo en secreto: lo hace por esa persona, no por el reconocimiento.
    b) Se lo hace saber, pero resta importancia a sus esfuerzos: le gustaría un poco de reconocimiento, pero no le interesa ser el centro de atención.
    c) Asegurarse de que la persona a la que ha ayudado lo sepa; al fin y al cabo, lo ha hecho usted.
    d) Asegurarse de que la persona a la que ayudó lo sepa:

quiere asegurarse de que se lo devolverá en el futuro.

4. **Se encuentra con un turista perdido y confundido en la calle. Usted:**
   a) Le acompaña hasta su destino.
   b) Le ofrece ayuda para orientarle.
   c) Le ignora y pasa de largo.
   d) Le señala y se ríe de su situación con sus amigos.

5. **¿Devuelve los libros de la biblioteca a tiempo?**
   a) La mayoría de las veces los devuelvo antes de tiempo.
   b) Suelo devolverlos a tiempo, pero alguna vez me he retrasado.
   c) Intento devolverlos a tiempo, pero es difícil y generalmente llego tarde.
   d) No recuerdo la última vez que devolví un libro de la biblioteca después de haberlo sacado.

6. **¿Es voluntario?**
   a) Siempre que puedo.
   b) De vez en cuando, pero no tengo mucho tiempo libre.
   c) Me lo he planteado, pero he decidido no hacerlo.
   d) Nunca: tengo poco tiempo y necesito centrarme en ganar dinero.

7. **¿Recicla?**
   a) Siempre.
   b) Todo lo que puedo, aunque de vez en cuando me da pereza.
   c) Cuando es conveniente.
   d) Nunca.

8. **Su mejor amigo está pasando por una ruptura importante. ¿Qué hace?**
   a) Pasar el rato con él, estar a su lado y escucharle el mayor tiempo posible.
   b) Pasar algún tiempo con él y llevarlo a comer.
   c) Invitarlo a salir un par de veces.
   d) Ofrecerse a compartir una ronda de tragos.

9. ¿Aceptaría trabajar en una empresa con cuya misión no estuviera de acuerdo moralmente a cambio de un salario importante?

    a) No.

    b) Lo consideraría, pero necesitaría mucha más información.

    c) Donaría parte de mi sueldo, pero sí.

    d) Sí.

10. ¿Cree que la gente debería juzgar a los demás basándose en una sola acción?

    a) No.

    b) Depende de la acción en cuestión.

    c) Creo que está justificado juzgar a los demás por sus acciones.

    d) Sí: un acto ilegal siempre debe ser juzgado, independientemente de la situación personal.

Cuando haya terminado el cuestionario, compruebe sus respuestas y anote cuántas veces ha elegido cada letra: cuántas A, etc. debe concentrarse en la letra que eligió con más frecuencia.

Cuanto antes vaya la letra en el abecedario, mejor es su karma. Así, si tiene más A que otras letras, tiene el mejor karma posible. Si tiene más D, necesita trabajar un poco.

Además, es esencial que tenga en cuenta que, aunque haya sacado todas las A, aún le queda trabajo por hacer. No afloje en su bondad y compasión y trabaje para seguir atrayendo karma positivo y así aligerar su carga kármica y empezar su próxima vida lo más positivo que le sea posible.

Conclusión

Como cualquier idioma, el lenguaje de la astrología kármica tiene sus propias reglas y estilo, y se necesita algo de práctica para entenderlo. Además, incluye muchos conceptos técnicos como los que hemos tratado. Para sacar el máximo provecho de este conocimiento, debe comprenderlo a un nivel más profundo y practicarlo con frecuencia para ver resultados en la vida real. La astrología kármica no es una respuesta para el resto de su vida; es una práctica que puede utilizar a diario para darle un mejor sentido. Al comprender cómo funciona la astrología kármica en los acontecimientos más pequeños de su vida, puede entender cómo la lectura se traduce en acontecimientos más grandes.

A diferencia de la quiromancia y otras pseudociencias, la astrología kármica no se basa simplemente en conjeturas. A lo largo de este libro, se habrá dado cuenta de que se requiere una gran cantidad de información muy precisa para que la lectura sea exacta. Incluso una diferencia de un día en la carta natal puede cambiar completamente una lectura. Alterar ligeramente la hora de un acontecimiento puede tener resultados drásticamente diferentes. Puesto que hay tantas variables en juego, es imperativo tener la información más precisa para hacer buenas lecturas.

Es necesario tener en cuenta las excepciones cuando se interpreta la astrología kármica para uno mismo o para otra persona. Siempre existen individuos Sagitario que son terribles para ahorrar dinero y extremadamente hiperactivos. Incluso si lo han hecho todo a la perfección, pueden descubrir que sus resultados no se traducen correctamente. Esto puede ser solo un caso excepcional; no tiene por qué ser un error suyo.

Aunque hemos cubierto mucha información en este libro, siempre es útil complementar el aprendizaje con otras fuentes. Hay mucho material disponible sobre astrología kármica, y puede aprender con mucho detalle sobre cualquier tema de su elección. Cuando consulte otras fuentes, tenga en cuenta que los distintos practicantes tienen diferentes métodos de interpretación. Aunque no existe una regla rígida sobre cómo se define algo, la información de este libro ofrece una orientación clara. Si encuentra otra fuente con una perspectiva totalmente diferente sobre el comportamiento de las casas, puede estar seguro de que está leyendo una fuente de información débil. Por lo tanto, tenga cuidado al seleccionar las fuentes.

Está muy bien obtener una lectura o crear la suya propia, pero el principal beneficio de la lectura es ponerla en práctica. Limitarse a escribir lo que ha analizado por sí mismo y guardarlo en un cajón no va a ayudar a nadie. La astrología kármica pretende mejorar su vida, lo que solo ocurre cuando pasa a la acción. Aunque tenga miedo, debe dar el primer paso y moverse.

El karma se repite; sin embargo, usted tiene el poder de cambiar el curso de su vida si realmente lo desea.

Segunda Parte: Astrología espiritual

Una guía sobre las doce casas del zodíaco, la espiritualidad, los planetas, las llamas gemelas, las almas gemelas, las fases lunares y los signos solares

Introducción

Si le interesa saber cómo puede ayudarle la astrología, este libro es para usted. Le explicaré cómo la astrología le enseña sobre el pasado y el presente, el futuro y el presente, el amor, la carrera y mucho más.

La astrología es una herramienta maravillosa porque es compleja y profunda, ya que incorpora los movimientos de los planetas y el cambio de las estaciones, las posiciones de la luna, su signo zodiacal y mucho más. Todos estos factores culminan para ofrecerle una imagen completa de usted mismo en el tiempo. La astrología le ayuda a dar sentido a lo que a menudo parece una información diversa y abrumadora. Como resultado, pondrá las cosas en perspectiva y tomará decisiones sensatas realmente adaptadas a sus necesidades específicas.

La astrología existe desde hace miles de años y es ampliamente practicada por personas de muchas culturas. Es una forma de adivinación, lo que significa que intenta comprender el movimiento de los cuerpos celestes. Por ejemplo, los astrólogos estudian las posiciones y los movimientos de las estrellas para predecir qué acontecimientos pueden ocurrir en la Tierra y cuándo. Muchas personas creen que la astrología les ayuda a predecir su futuro (hay una buena razón para ello, como pronto descubrirá), por lo que es una herramienta útil para ayudarle en la toma de decisiones.

Este libro está escrito en un inglés sencillo, por lo que resulta fácil de entender, a diferencia de muchos otros libros sobre el tema. No se quedará rascándose la cabeza con los conceptos de este libro. Está repleto de información que sin duda encontrará útil, tanto si ha estudiado astrología durante un tiempo como si es nuevo en el tema. Así pues, sumerjámonos en él si está preparado para tomar las riendas de su destino y encontrar por fin su verdadero propósito en la vida.

Capítulo 1: Astrología espiritual 101

¿Qué significa espiritual?

Para comprender la astrología espiritual, debemos fijarnos en las dos palabras que encarnan este concepto: espiritual y astrología. ¿Qué significa "espiritual"? Se refiere a todo lo que tiene que ver con la esencia de la vida y de todos los seres. Todo en nuestro mundo observable se basa en una plantilla energética, no física, conocida como espíritu. Algunos lo consideran materia oscura. Es esencial tener en cuenta que en este mundo hay más de lo que se ve a simple vista. Si espera comprender qué hace que las cosas ocurran como ocurren, debe mirar más allá de lo que ve y adentrarse en el mundo que hay más allá. Me refiero al mundo de la energía, el mundo psíquico y divino del que deriva la existencia de absolutamente todo.

¿Qué es la astrología?

Los signos[11]

La astrología es el estudio de los cuerpos celestes y de cómo nos afectan. La forma en que se mueven y se colocan los planetas tiene un efecto muy real y perceptible sobre nosotros. Por ejemplo, tomemos la luna. Cuando está llena, la mayoría de nosotros observamos un comportamiento extraño. Esto no es casual. Del mismo modo que la luna nos afecta, también lo hacen otros cuerpos celestes.

Poniéndolo todo junto

Hablemos entonces de astrología espiritual. ¿Qué significa? Es el estudio de las influencias espirituales de los cuerpos celestes en nuestra forma de vida. Determina cómo la colocación de los planetas afecta a todo, desde nuestras carreras hasta las finanzas, las relaciones e incluso la salud. Este campo de estudio pretende ayudarle a ser más consciente de los hilos invisibles que mueven estas influencias y de cómo puede trabajar en tándem con ellas para vivir una vida gratificante. El objetivo del astrólogo espiritual es ayudarle a descifrar el camino de su vida para que pueda florecer y disfrutar de ella.

Como dijo Henri J. M. Nouwen: "*La vida espiritual no nos aparta del mundo, sino que nos adentra en él*". En otras palabras, aunque indagar en la astrología espiritual parece un empeño "de otro mundo" que a algunas personas les parece inútil, lo cierto es que le conectará con su mundo con más fuerza y le dará una idea de su propósito. Demasiadas personas viven sin saber por qué están aquí, y se les nota porque caminan con los hombros caídos y la cara desencajada por un camino que no es el suyo.

Usted y su camino

Cuando averigüe qué mensajes tiene el espíritu para usted a través de su carta astral, encontrará indicaciones claras que le mostrarán en qué fase de la vida se encuentra y cuál es la mejor manera de trabajar con ella. Por ejemplo, sabrá que ha llegado el momento de una transformación radical cuando se produzca un tránsito solar de Plutón, dependiendo de si está opuesto, en cuadratura o en conjunción con su sol natal. El espíritu de Plutón llama al desarrollo y al crecimiento, por lo que esto podría manifestarse de la mejor o la peor de las maneras, como una nueva relación, o el final de una, la pérdida de un trabajo, problemas de salud o fases de transición similares.

Para la mayoría de las personas, esto es aterrador, sobre todo cuando no lo ven como lo que es. Cuando tiene muchos deseos que le gustaría manifestar, lo viejo debe dejar paso a lo nuevo. A veces, la única forma de que eso ocurra es a través de un cambio radical y, a primera vista, podría parecer un camino bastante duro de recorrer.

Trabajar con la astrología espiritual no significa que su vida no pueda cambiar o que no pueda elaborarla como desee porque esté condenado a las energías espirituales de las estrellas del cielo. Al contrario, a medida que se convierta en un cocreador consciente de su vida, conocer las estrellas le ayudará a crear la vida que desea. Es fácil vivir la vida con propósito y poder cuando se está conectado a las energías de las estrellas.

¿Por qué está usted aquí?

Incluso el mejor de nosotros debe preguntarse por qué estamos en este pequeño punto azul en algún momento de la vida. No hace falta demasiado para darse cuenta de que el mundo necesita desesperadamente sanación. Sin embargo, puede resultar increíblemente difícil averiguar cómo llevar a cabo esa curación de un modo que realmente haga cantar a nuestras almas.

Afortunadamente, esto no es algo sobre lo que tenga que seguir rascándose la cabeza porque puede trabajar con la sabiduría ancestral encarnada en las estrellas para encontrar su camino. En este libro, encontrará su hoja de ruta y descubrirá cómo utilizar sus habilidades y dones únicos para dejar una huella indeleble en el mundo para siempre. En la actualidad, es posible que esté trabajando en un empleo ingrato y aburrido para el que sabe que no sirve, o que esté considerando la posibilidad de marcharse y hacer sus propias cosas. Puede que incluso se encuentre en la jubilación, contemplando los próximos pasos en la vida porque no tiene intención de quedarse de brazos cruzados. Sea cual sea la etapa en la que se encuentre, puede encontrar la respuesta en las estrellas y los planetas. Ellos le dirán lo que puede hacer con su tiempo y sus recursos para cumplir sus sueños y recuperar el sentido y la alegría que experimentó de niño.

Quizá otro punto que haya que señalar es que "nadie es una isla". En otras palabras, la vida está preparada para que no tengamos más remedio que tener relaciones con los demás, ya sean personales o profesionales, casuales o profundas. Simplemente hay que relacionarse con los demás. A veces, el proceso es desordenado, sobre todo porque los humanos somos personas complejas con tantas capas de emociones y patrones de pensamiento. Así que, a medida que trabaje con los planetas, determinará cuál es su posición con respecto a las demás personas que le rodean. Conocerá sus deseos y sueños y lo que anhelan los demás. Comprenderá a la gente a un nivel tan profundo que solo puede describirse como "profundo como el alma". Combinado con el conocimiento que aprenda sobre sí mismo gracias a los planetas, también aprenderá cuál es su lugar entre los demás y cuál es la mejor forma de trabajar con ellos para conseguir los mejores resultados.

Su vocación: Algo más que trabajo

Es triste que, por lo general, la mayoría de nosotros nos limitemos a "aceptar la mano de cartas que nos han repartido" sin detenernos a entrar en contacto con nuestro auténtico yo. Caemos en esos papeles que la sociedad ha elegido para nosotros, sabiendo plenamente en nuestro interior que estamos hechos para mucho más. Así es como nos quedamos atrapados en relaciones agotadoras, situaciones que nos chupan la vida y trabajos que odiamos. Lo hacemos porque es más fácil estancarse en la rutina o seguir diciendo "sí" a jefes, amigos y demás, incluso cuando morimos un poco cada vez que accedemos a sus demandas. Lo justificamos de muchas maneras, pero sabemos que no estamos honrando nuestra vocación. ¿Qué es eso? Es lo que verdaderamente más desea en su corazón.

Todos tenemos una verdadera vocación para la que fuimos enviados a esta Tierra. Es lo que se supone que debe hacer su alma y considera sus dones naturales y las cosas que le aportan alegría y plenitud, emocional y espiritual. Es la clave de su éxito final en la vida precisamente porque es la mezcla perfecta de sus sueños, su impulso y sus dones. De ahí que la astrología espiritual sea tan importante. Piense en ello como si se encontrara en medio de una gran ciudad. Quiere ir al Hotel Everton, pero ¿cómo saber cómo llegar cuando ni siquiera sabe dónde está, y mucho menos qué caminos tomar? Necesita un mapa y un sentido de la orientación. Esto es lo que le ofrece su carta astrológica.

Esta carta natal trazará el mapa de toda su vida y contiene el estado del sistema solar en relación con cuándo y dónde nació usted. Su fecha y hora de nacimiento son cruciales porque no son aleatorias. Su alma las eligió a propósito porque pretendía expresarse específicamente en su encarnación actual. Su carta astral es el plano para comprender su esencia. En última instancia, todos tenemos el mismo objetivo: encarnar plenamente lo que realmente somos. La carta utiliza los dones con los que hemos sido bendecidos mientras hacemos todo lo posible por sortear los obstáculos de forma natural para ver cumplida la misión de nuestra vida.

Ahora es tan buen momento como cualquier otro para aclarar que su carrera no es necesariamente lo mismo que su vocación. La realidad del mundo en que vivimos es que para poder permitirse cosas, hay que tener un trabajo. Así que nos pasamos cada segundo de cada día de nuestras vidas pensando en el trabajo o trabajando y no prestamos mucha atención a lo que ocurre espiritual o personalmente. En otras palabras, nos convertimos en vendidos por el dulce, dulce néctar del capitalismo: el dinero. Si lo piensa, el dinero no es necesariamente el objetivo. Se trata puramente de la libertad que puede aportarle. Así que seguimos trabajando duro, esclavizándonos día y noche mientras, paradójicamente, la libertad por la que trabajamos nunca llega. Las cosas están preparadas para tener el dinero justo para alimentarse y mantenerse con vida el tiempo suficiente para ir a trabajar al día siguiente, pero no más que eso. Eso no es libertad.

Estamos tan cableados para centrarnos en el proceso de ganarnos la vida que no consideramos que hay otros aspectos del ser humano. No pensamos en nuestra vida personal y espiritual como prioridades, sino como lujos. En otras palabras, en lugar de pasar tiempo con los seres queridos conectando, creando vínculos y formando recuerdos significativos, es más importante dedicar ese tiempo a ganarse otro dólar. Es una situación tan triste, y pocos nos damos cuenta de que no podemos llevarnos nuestras posesiones con nosotros cuando fallecemos. No hay ni una sola persona en su lecho de muerte que estuviera ocupada pensando en cuánto dinero había conseguido acumular en su cuenta bancaria. Sin embargo, en su mayor parte, no pensamos en esto. Seguimos viviendo como si el mañana fuera un hecho, y siempre habrá tiempo hasta que un día nos demos cuenta de que hemos dedicado la mayor parte de nuestra vida a las prioridades equivocadas.

Así que, aquí y ahora, querido lector, le pido que haga balance de lo que ha estado haciendo hasta ahora y se pregunte: ¿es esto lo que se ve haciendo hasta el día de su muerte? ¿No cree que su vida podría ser algo más grandioso? Piense en el hecho de que su carrera constituye al menos el 60% de toda su existencia, y dese cuenta de lo grandioso que sería hacer que su carrera se alineara con los objetivos más elevados de su alma. ¿Quiere dar lo mejor de su día trabajando como un esclavo por algo en lo que no cree? ¿Quiere gastar hasta la última gota de sangre, sudor y lágrimas invertidos en algo que no le aporta alegría ni realización? Quiero creer que su respuesta es un fuerte y vehemente "no".

El proyecto del alma vs. al statu quo

El argumento de que debemos seguir haciendo las cosas como las hacemos porque "así son las cosas" es erróneo. No todo el mundo tiene la suerte de darse cuenta de que el juego está amañado injustamente, de que no tiene que jugar a ese juego en absoluto, sino que puede crear una vida satisfactoria que sea buena para su corazón. Decidir centrarse en lo que hace vibrar a su corazón en lugar de venderse por un sueldo puede ser increíblemente desalentador. Pero hoy le digo que esto es mucho más importante que cualquier otra cosa a la que pueda aspirar en la vida. Descubrir su verdadera vocación y seguirla hasta el final es mucho más importante que cualquier título o puesto de trabajo que pueda tener.

Un buen primer paso en la dirección correcta es ponerse en contacto con su intuición sobre lo que es adecuado para usted. Por ejemplo, cuando le pidan que asuma más de lo que puede manejar, puede consultar con su intuición si es un buen momento para decir sí o no. También puede preguntarse: "¿Por qué estoy aquí y cómo puedo lograr aquello para lo que estoy aquí?". La verdad es que solo puede encontrar lo que estaba buscando. El hecho de que haya elegido este libro en lugar de cualquier otro, querido lector, me dice que está listo para liberarse de los grilletes que le retienen. Está listo para dar un paso adelante y debo aplaudirle.

Comprenda que primero debe saber quién es y estar en contacto con sus instintos antes de alcanzar el verdadero éxito que le ha sido esquivo todo este tiempo. Sin duda, comprenderá que el éxito no consiste en saber cuánto dinero tiene en su cuenta bancaria. De hecho, no puede pretender tener éxito si no disfruta con lo que hace. El verdadero éxito consiste en encontrar y seguir su vocación, que inevitablemente le apoyará financiera y espiritualmente (siendo aquí más importante el apoyo espiritual). Alinearse con su causa espiritual es mucho más significativo que cualquier elogio, premio, certificado u honor que otra persona pueda concederle por seguir un camino que no es el suyo. Cuando decide que va tras su vocación, crea cambios significativos en el mundo por el bien de todos y cada uno, lo cual cuenta.

Capítulo 2: Signos solares - Personalidad

"¿Cuál es su signo?" suele responderse con el signo solar porque pocas personas saben más sobre este antiguo método de adivinación que simplemente el signo solar. Centrémonos en los signos solares antes de entrar en los demás aspectos de la comprensión de sus raíces astrológicas.

Su signo solar es el que le dice la verdad sobre quién es usted. Es la representación del signo en el que se encontraba el sol cuando usted nació. Este signo le proporciona detalles intrincados de quién es usted, lo que facilita el trabajo con sus puntos fuertes y débiles para crear los resultados que desea en la vida.

Piense que su signo solar es la esencia misma de su vida. Es lo que le impulsa a usted y también a toda la astrología, porque los demás planetas y cuerpos celestes necesitan al sol para orbitar a su alrededor. Puede encontrar este símbolo en su carta astral como un punto con un círculo a su alrededor. El signo solar no es el todo y el fin de su carta astral, pero es el foco central en torno a los demás elementos que le afectan. Colorea su forma de ver la vida.

A la hora de encontrar su verdadero camino en la vida, la única forma de lograr una satisfacción y armonía totales es hacer las cosas como usted quiere, alcanzando la libertad, el crecimiento y la alegría congruentes con los deseos de su ser interior. Puede utilizar su signo solar para recomponer al encrucijada de por qué está aquí. Muchos de nosotros emprendemos el proceso al revés, forzándonos a encajar en recipientes que nunca estuvieron hechos para nosotros en lugar de elegir ser lo suficientemente expansivos y atrevidos para ir tras aquello que nos pertenece. Entonces, nos ponemos nerviosos cuando descubrimos que nada de lo que hacemos es suficientemente bueno a pesar de nuestras mejores intenciones.

También nos aterra permitirnos ser nuestra mejor versión porque nos asusta el rechazo. Además, muchos de nosotros luchamos con creencias que nos enjaulan. La sociedad nos impone algunas de estas creencias, mientras que otras son de nuestra propia cosecha. Con su signo solar, puede iluminar la forma en que su alma eligió representarle en la vida para que pueda ser fiel a su camino y expresarse sin miedo ni limitaciones.

Una nota rápida sobre las fechas

Debe saber que debe tener en cuenta que lo que ve en los periódicos o en diversas páginas web con los signos del zodiaco suele ser muy inexacto. Una fecha determinada puede ser de un signo en un año y de otro en un año diferente porque cada día, el sol se desplaza por la rueda astrológica algo más de un grado, con lo que cada año podría haber un cambio en las fechas. Así que usted podría nacer fácilmente justo en una cúspide, entre dos signos. La única forma de saberlo con seguridad es mirar su carta astrológica. He aquí los 12 signos del zodíaco:

- Aries
- Tauro
- Géminis
- Cáncer
- Leo
- Virgo
- Libra
- Escorpio
- Sagitario
- Capricornio
- Acuario
- Piscis

- Modalidad
- Los signos del zodíaco se encuadran en una de estas tres modalidades y tienen que ver con la forma en que difieren sus vidas o enfoques:
- Cardinal - Aries, Cáncer, Libra, Capricornio
- Fija - Tauro, Leo, Escorpio, Acuario
- Mutable - Géminis, Virgo, Sagitario, Piscis

Los signos cardinales son líderes natos, siempre inician las cosas y están dispuestos a fomentar el cambio y la transformación. Los signos fijos son firmes en todo lo que hacen. Perseveran pase lo que pase y su enfoque es distinto al de los demás. Los signos mutables son los más adaptables. Independientemente de lo que les echen, son flexibles, y es este rasgo el que los convierte en algunas de las personas más resistentes que jamás conocerá.

Elementos

Los signos del zodiaco también están relacionados con los cuatro elementos clásicos: tierra, agua, aire y fuego.

- Signos de tierra - Tauro, Virgo, Capricornio
- Signos de agua - Piscis, Cáncer, Escorpio
- Signos de aire - Libra, Acuario, Géminis
- Signos de fuego - Aries, Sagitario, Leo

Los signos de tierra son precavidos, pero eso no debe interpretarse negativamente. Piensan antes de actuar. Son algunas de las personas más productivas que conocerá en la vida y son bastante materialistas (en el buen sentido), lo que significa que puede confiar en que harán todo lo posible para asegurarse de que se atienden todas las necesidades pertinentes, incluido el estado de la naturaleza. Ven las cosas como son y son muy buenos asegurándose de que las cosas no solo se empiezan, sino que se llevan a término. Las personas con signos de tierra también son bastante sensuales.

Los signos de agua son muy conscientes de sus emociones. Son algunas de las personas más sensibles que conocerá, muy en contacto con lo que sienten. Su intuición es fuera de serie y suelen ser empáticos. También les interesan mucho los asuntos espirituales y son vulnerables, lo que puede ser un punto fuerte en las circunstancias adecuadas.

Los signos de aire son personas muy intelectuales. Son sociables y algunas de las mentes más brillantes que se pueda encontrar. Les fascina la vida, sienten curiosidad por todo y siempre están recopilando información como si se les acabara. Les encanta poner a prueba diferentes ideas y disfrutan frotando sus mentes con los demás. La conversación y la comunicación son importantes para ellos.

Los signos de fuego están llenos de deseo y de una fuerza explosiva y creativa. Son algunas de las personas más inquietas que conocerá porque sienten la necesidad de hacer más, ser más y tener más. No son especialmente pacientes y no se llevan bien con los límites, por lo que irónicamente se queman de tanto fuego. Sin embargo, puede confiar en ellos para aportar energía y diversión a la habitación y hacer las cosas más interesantes.

Considerar los planetas

Cada planeta tiene su energía única que afecta a cada signo de forma diferente. Antes de repasarlos, relacionemos cada signo del zodíaco con su planeta regente:

- Aries - Marte
- Tauro - Venus
- Géminis - Mercurio
- Cáncer - Luna
- Leo - Sol
- Virgo - Mercurio
- Libra - Venus
- Escorpio - Plutón (según la astrología moderna), Marte (según la astrología tradicional)
- Sagitario - Júpiter
- Capricornio - Saturno
- Acuario - Urano (según la astrología moderna), Saturno (según la astrología tradicional)
- Piscis - Neptuno (según la astrología moderna), Júpiter (según la astrología tradicional)

Veamos ahora el efecto de cada cuerpo celeste.

El Sol: Es el regente de todas las cosas y es un energizante. Impulsa todo lo que somos en nuestro núcleo, por lo que cuando abrazamos nuestro signo solar, nos sentimos felices y contentos con la vida. El sol está a cargo de su verdadero propósito, creatividad, mente consciente, energía masculina y sentido de sí mismo.

La Luna: El signo asociado a la luna cambia cada 2,5 días, por lo que es posible que los Cáncer estén regidos o conectados con cualquiera de los otros signos nacidos en el mismo año. La luna tiene que ver con las emociones y la sensibilidad. De ella emana el aspecto empático de uno mismo, y las emociones a las que está ligada son las que nos cuesta expresar. Representa nuestro lado sombrío, que solo somos lo bastante vulnerables para revelar a aquellos con los que nos sentimos seguros. Rige la energía femenina, todas las emociones y los instintos.

Mercurio: Hay algo más en este planeta que está retrógrado, al que a todo el mundo y a su abuela les gusta culpar de sus malas decisiones. Sin embargo, hay algo más en este planeta que poner su vida patas arriba. Está a cargo de su intelecto, sentido de la oportunidad, estilo de comunicación, cómo razona y se expresa, y cómo hace malabarismos con varias conversaciones y líneas de pensamiento diferentes a la vez. También tiene que ver con viajar y compartir información.

Venus: Este planeta, como la diosa, tiene que ver con el amor y el placer. Tiene que ver con el romanticismo y la belleza en todas las cosas. Quienes están bajo su influencia tienen un gran sentido de la estética. Este planeta también está relacionado con el dinero, especialmente con lo que gastamos en cosas que hacen cantar a nuestro corazón. Tiene que ver con la sensualidad y el lujo en todas sus formas.

Marte: Este planeta tiene que ver con los temperamentos, la agresividad, su forma de actuar y su impulso sexual. La energía de este planeta es muy poco refinada, pero esto es algo bueno en el contexto adecuado. Trata de cómo uno afirma su dominio, va tras sus objetivos y lidia con su libido. Por algo es el planeta rojo, siendo el rojo el color de la pasión, el fuego y la intensidad. Este planeta impulsa nuestros deseos primarios.

Júpiter: Este planeta rige la positividad y el optimismo. Está a cargo de la buena suerte, la abundancia y el verdadero crecimiento. Cuando este planeta influye en su vida, es probable que experimente beneficios asombrosos. Tiene que ver con los viajes y la exploración de la filosofía a través del aprendizaje y la enseñanza. Le pide que se vuelva más expansivo aprendiendo de la vida, de los libros y de la espiritualidad. Es el planeta que le inspira a ir tras sus ideas más grandiosas.

Saturno: Piense en este planeta como la energía del padre a la energía de la madre de la Luna. Este planeta estricto tiene que ver con la disciplina, el amor expresado en situaciones difíciles, el trazado de límites y la angustia. Su energía podría representar un desafío, pero le ayudará a evolucionar hacia más de lo que realmente es y a aprender a asumir más responsabilidades en su vida. Tiene que ver con el trabajo duro y la perseverancia para superar sus retos.

Urano: Este planeta tiene que ver con alterar el statu quo y romper con las rutinas. Tiene que ver con el progreso, el pensamiento innovador y la creatividad. El problema con este planeta es que es muy difícil predecir lo que vendrá después. No es un planeta que se preocupe por la nostalgia. La innovación es su nombre y a menudo nos golpea en la cara con una inspiración profunda y repentina. Es un buen tipo de imprevisibilidad. Piense en él como el planeta de la revelación y el despertar.

Neptuno: Neptuno es el planeta que rige todo lo etéreo. Tiene que ver con su intuición, sus sueños y sus habilidades psíquicas. Influye en su capacidad para conectar con lo espiritual y expresar esos aspectos a través del arte. Este planeta también tiene que ver con el escapismo, ya que es el más alejado de la realidad física que conocemos, y es el que influye en nuestro deseo de huir de las duras realidades de la vida. Trabajar conscientemente con sus energías le ayudará a ser más sensible a su lado espiritual.

Plutón: Plutón rige la mente subconsciente y el inframundo. Está relacionado con los grandes cambios. La energía de este planeta es más bien oscura y pesada, y se encarga de las transiciones del día a la noche, de la oscuridad a la luz, y de los finales a los principios y viceversa. Independientemente del espectro, se encarga de los extremos y de todo lo que hay bajo la superficie de la mente y el corazón.

Ahora que ya conoce los planetas y sus efectos, pasemos a los signos solares.

Signos solares

Aries - El Carnero (del 20 de marzo al 18 de abril)

Signo Aries[12]

Este signo está lleno de espíritu. Los nacidos bajo este signo resultan ser algunas de las personas más francas y directas que jamás conocerá. Tienen el coraje que desafía la lógica, igual que el carnero, y no temen empezar cosas nuevas. La esencia de este signo son los nuevos comienzos, y no es de extrañar que resulte ser el primer signo. Si este es usted, su planeta regente es Marte, el dios de la guerra para los antiguos romanos. Marte le convierte en una persona llena de deseo e ira. También le infunde energía y el deseo de emprender acciones concretas. Las personas con influencia de Marte son asertivas y no tienen miedo a decir lo que piensan o quieren.

Símbolo: El símbolo de este signo recuerda a la cabeza de un carnero, con su cara alargada y sus cuernos curvados. También trae a la mente la idea de una fuente con agua brotando a ambos lados. El carnero es una criatura obstinada que verá con tenacidad lo que quiere e irá tras ello. Lo mismo puede decirse de los Aries.

Puntos fuertes: Lo mejor de usted, Aries, es que es una fuerza formidable a tener en cuenta. Nadie podrá acusarle de no ser audaz e ir tras lo que desea con una tenacidad admirada y envidiada a partes iguales. Le rodea una energía muy estimulante. Sea cual sea el tema que le interese, le entusiasma. Se le puede considerar un verdadero individuo que no teme ser auténtico. Usted sabe quién es y es el menos propenso a permitir que otras personas le dicten cómo debe ser.

No pierde el tiempo averiguando las cosas porque la acción y el progreso son lo mismo para usted. No tiene ningún problema en defender aquello en lo que realmente cree, aunque su opinión pueda estar en desacuerdo con lo que piensa el mundo. Por tanto, es usted un líder excelente. No tiene miedo de asumir los riesgos necesarios y suele ser la primera persona en probar cosas nuevas.

Debilidades: Tiende a pensar en usted mismo demasiado y con demasiada frecuencia y, para usted, es "a mi manera o la autopista". Puede llegar a ser muy competitivo en el mal sentido, hasta el punto de que no le importa a quién hace daño o sacrifica en el proceso. Está tan ansioso por conseguir lo que quiere que ve las reglas y piensa activamente en formas de romperlas para obtener lo que desea - y, por supuesto, esto no siempre le sale bien.

Seguro que le apasionan varias cosas, pero el problema es que no se asienta lo suficiente como para llevarlas a cabo todas y, como resultado, descubre que su chispa inicial se apaga. Cuando se trata de sus emociones, no le resulta fácil ponerse en el lugar de otra persona, lo que hace que la gente piense que es muy insensible. Además, hace falta muy poco para que usted estalle. Afortunadamente, su ira se acaba tan pronto como se desata, pero eso no la hace menos temible.

Famosos Aries: Reese Witherspoon, Sarah Jessica Parker, Kiera Knightley, Elton John, Jonathan Groff, Fergie, Mariah Carey, Quentin Tarantino, Ewan McGregor, Jonathan Van Ness, Alec Baldwin y Robert Downey Jr.

Tauro - El Toro (19 de abril al 20 de mayo)

Tauro[18]

No hay nadie tan fiable como usted, Tauro. Es la persona que se quedará en las buenas y en las malas. También le encanta disfrutar, y se le da bien, ya que Venus le rige. Al igual que el toro, usted tiene resistencia, a diferencia de los demás. Es usted la persona que se siente cómoda asumiendo responsabilidades y uno de los signos más leales y devotos.

Símbolo: El glifo de este signo se parece a la cabeza de un toro, un círculo con dos cuernos encima. También recuerda al útero de una mujer con sus trompas de Falopio.

Puntos fuertes: Usted es quien toma la energía de Aries y la asienta, en la realidad, para aplicarla a asuntos prácticos que den resultados reales. La seguridad le importa en todos los sentidos, por lo que es muy prudente a la hora de tomar decisiones precipitadas. Usted es de los que se aferran ferozmente, y cuando ha decidido algo, nadie puede hacerle cambiar de opinión. Tenaz es su nombre, y logras sus objetivos manteniéndote determinado, sin importar el tiempo que se lleve. Es usted gentil, amable, romántica y amante de todo lo sensual. También le encanta la belleza y busca formas de darle vida en su entorno.

Debilidades: Se toma su tiempo con las cosas, lo que suele ser una lucha para los demás. Es probable que se quede estancado en una rutina y, además, es más que testarudo. Cuando se aplica a su moral o a sus objetivos, es algo bueno, pero también significa que se resiste al cambio incluso cuando sería bueno para usted. Puede aferrarse a viejas formas de hacer las cosas incluso a costa de su propia alegría. También puede volverse codicioso y celoso y dedicarse a compadecerse de sí mismo. A veces es insensible y posesivo y no tiene reparos en explotar a la gente. No se enfada como Aries, pero todos los que se crucen en su camino lo sentirán cuando lo haga.

Tauro famosos: Jack Nicholson, Harry S. Truman, Mark Zuckerberg, Dwayne Johnson, el Che Guevara, Adolf Hitler, Stevie Wonder, Kirsten Dunst, Tina Fey y Adele.

Géminis - Los gemelos (21 de mayo al 20 de junio)

Géminis[14]

Usted es brillante. Tiene facilidad de palabra y puede convencer a los saudíes para que compren arena. Esto se debe a la influencia de Mercurio sobre usted. Es usted una persona muy animada con la que entablar relaciones y también ágil.

Símbolo: El glifo de Géminis se asemeja a dos pilares, o al número once, con líneas curvas que los conectan en la parte superior e inferior, mirando hacia fuera. Representan los dos lados de esta persona.

Puntos fuertes: Siempre está en contacto con su niño interior, es alegre y gregario. Su inteligencia no tiene límites y se ve reforzada por su sed de conocimientos. Nada le entusiasma más que la gente nueva, las últimas noticias y las cosas nuevas. Usted es el tipo de persona que probablemente tiene más de un trabajo simultáneamente. Probablemente tenga más de un libro que esté leyendo en este momento y más de un amante. La espontaneidad es muy importante para usted. Claro, puede que se comprometa con muchas cosas a la vez y se queje de ello, pero la verdad es que le encanta.

Debilidades: El inconveniente de ser Géminis es que es hiperactivo y no puede concentrarse. le importa más la gratificación instantánea que tomarse su tiempo con las cosas. Su capacidad de atención es muy corta, lo que le causa problemas la mayoría de las veces. Estar sentado quieto no es algo que se le dé bien. Por mucho que se entusiasme con las cosas, se retrae de ellas con la misma energía. Otras personas pueden encontrar un poco agotadora su intensa fascinación por ellas. Sus peores rasgos son la superficialidad y el engaño, y algunas personas dirán que está lleno de palabrería y que no tiene profundidad emocional. Usted es el tipo de persona que prefiere adaptarse a una mala situación antes que hacer algo al respecto, e incluso puede reescribir la situación para que le convenga. Se puede hacer frente a todas las consecuencias, pero mucho, mucho más tarde.

Géminis famosos: Donald Trump, Angeline Jolie, Nicole Kidman, Arthur Conan Doyle, Marilyn Monroe, Prince, Kanye West, Allen Ginsberg, Ana Frank, la reina Victoria, John F. Kennedy, Aaron Sorkin, Salmon Rushdie, Alanis Morrissette y Kendrick Lamar.

Cáncer - El Cangrejo (21 de junio al 22 de julio)

Cáncer[15]

Estar regido por la Luna le hace estar muy en contacto con su intuición si es usted Cáncer. Mira mucho en su interior y es muy consciente de sus emociones. También es consciente de la seguridad. Aunque a veces se sienta como un desastre emocional, hay más en usted que eso, y no permite que sus vulnerabilidades se interpongan en el camino de la consecución de sus deseos.

Símbolo: El glifo del cáncer recuerda al símbolo del yin y el yang, los números 6 y 9, con sus colas curvadas en la parte superior e inferior, respectivamente, mientras que los círculos están uno al lado del otro. También se dice que el símbolo representa los senos y la fluidez de las emociones.

Puntos fuertes: Debido al elemento agua, no tiene problemas para permitir que sus emociones sean abiertas y, al mismo tiempo, es profundamente reflexiva. Tiene ambición y está profundamente conectado con el mundo que le rodea, lo que hace que su estado de ánimo suba y baje cuando se combina con sus emociones. Puede ser tan astuto como lo necesite, confiando en sus emociones y en su intuición para que le guíen en todas las situaciones. Está conectada con su pasado e historia y nada le gusta más que la familia y el sentido de pertenencia. Es usted un amigo comprensivo, muy leal y bastante afectuoso, y nunca abandona a las personas que le importan. Independientemente de cómo se sienta, se asegura de que sus objetivos se alcancen. Incluso cuando el camino hacia su meta le hace llorar, sigue poniendo un pie delante del otro.

Debilidades: Parece duro por fuera, pero también es blando por dentro como un cangrejo. Cuando algo le asusta, se vuelve a meter en su caparazón. No es una persona que se enfrente a los problemas de frente. Sin embargo, dará la cara cuando lo necesite, pero suele acabar metiendo la pata y luego negando la verdad, lo que dificulta que los demás conecten con usted. Inevitablemente superará emociones poderosas debido a la Luna, lo que significa que a veces no las gestionará bien. Su miedo a ser abandonado o a no tener recursos a los que recurrir le hace aferrarse ferozmente a cosas que necesita soltar.

Famosos de Cáncer: El Dalai Lama, Ariana Grande, Nelson Mandela, Kevin Bacon, Wendy Williams, Pablo Neruda, Florence Ballard, Chiwetel Ejiofor, Priyanka Chopra, Kevin Hart, Khloe Kardashian, Mindy Kaling, Alan Turing, Mike Tyson y Robin Williams.

Leo - El León (del 23 de julio al 22 de agosto)

Leo[16]

Como Leo, es una de las personas más amistosas que se puedan conocer. Colecciona amigos como las Kardashian coleccionan cirujanos plásticos. Es una persona muy cálida y a la gente le encanta estar a su alrededor porque es muy extrovertido y por lo bien que les hace sentir. Tampoco está de más que en todo lo que hace demuestre estilo.

Símbolo: El glifo de este signo parece un círculo con una cola que gira fuera de él, igual que la cola de un león.

Puntos fuertes: Es usted simpático, alegre y leal hasta la exageración. Va tras lo que quiere con pasión y su vida social rebosa de actividades divertidas. Su objetivo es vivir su mejor vida, y hace un buen trabajo divirtiéndose con ello. Suele ser usted el animador de un grupo porque, naturalmente, es el centro de atención, como el sol que brilla. Su sentido del humor es asombroso, y sabe compartir lo mejor de sí mismo incluso cuando los demás no encuentran lo suyo. Carisma es su nombre, un hecho que conoce y del que se siente orgullosa. Le encanta el lujo, el respeto y el honor. Disfrutas del glamour, le consideras de la realeza y está dispuesta a esforzarte. También es generoso.

Debilidades: le cuesta dejar que la gente sepa lo vulnerable que es. Puede ser bastante complaciente con la gente porque quiere caer bien, así que habla para obtener la aprobación de la gente en lugar de su verdad. En otras palabras, se siente muy a gusto mintiendo y manipulando a los demás. Claro que sus intenciones son puras porque no quiere herir a la gente, pero esta no es la forma de hacer las cosas. Usted no es una persona a la que se pueda silenciar durante mucho tiempo y, con el tiempo, dejará salir la verdad, aunque exagere un poco. Sus peores rasgos son ser vanidoso, excesivamente dramático y controlador. Sin embargo, casi nunca está en usted peor momento, así que no tiene que preocuparse demasiado por eso. El reconocimiento que busca le llegará de forma natural cuando renuncie a su necesidad de control y se limite a ser su yo brillante y soleado.

Personajes Leo famosos: J. K. Rowling, Charlize Theron, Alfred Hitchcock, Carl Jung, Robert De Niro, Madonna, Mick Jagger, Andy Warhol, Steve Martin, Neil Armstrong, Fidel Castro, Usain Bolt, Sandra Bullock y Viola Davis.

Virgo - La Virgen (del 23 de agosto al 22 de septiembre)

Virgo[17]

No hay mente más aguda que la de un Virgo. Tiene que agradecer a Mercurio su ingenio rápido y su capacidad de comunicación. Es usted una persona que ve lo que la mayoría de los demás no ve, y su nivel de perspicacia es incomparable. También es usted bastante elocuente y crítico. La gente puede quejarse de eso, pero no saben que usted es más crítico consigo mismo que con cualquier otra persona o cosa. No cree en la perfección, por lo que constantemente quiere superarse.

Símbolo: El glifo de Virgo se parece a la letra M, con una "punta" extra que cruza por la parte inferior de la tercera. Es un signo que representa los genitales femeninos.

Puntos fuertes: Nadie puede ponerle pegas porque usted se fija en todos los detalles. Es eficiente, sabe leer entre líneas y captar lo que no se dice y lo que se quiere decir. Usted es divertido, inteligente y sabe mantener muy bien una conversación. Es muy analítico, piensa con claridad y se concentra mejor que la mayoría de personas. Le encanta aprender "cosas nuevas". Sin embargo, a pesar de todo lo que sabes, es una persona modesta, lo que le hace bastante atractiva. Nadie sabe mejor que usted que no es perfecta, pero sabe que siempre se esforzará por ser mejor. La diferencia entre usted y los demás signos de tierra es su eficacia. La disciplina y la organización son sus caballos de batalla, y no hay límite. No presiona para convertirse en quien quiere ser y está abierto a ayudar a otras personas. A veces les ayuda hasta el punto de desatender sus propias necesidades. Sin embargo, no es ninguna sorpresa, ya que Virgo es el signo del servicio.

Debilidades: Tiene que ser indulgente con la gente, es decir, también con usted mismo. A veces, no sabe distinguir entre lo que solo está bien y una gran idea. Cuando lo que desea no sucede, su decepción no conoce límites y puede llevarle al punto de la depresión. Aunque puede hacerse el mártir para elevar a otras personas, lucha profundamente contra la ansiedad, la timidez y la falta de pertenencia o la inferioridad. Lucha con la culpa y se preocupa por muchas cosas, incluso por lo que no le incumbe.

Virgo famosos: Beyonce Knowles, George R. R. Martin, Dave Chapelle, Amy Poehler, Sean Connery, Iván el Terrible, Agatha Christie, Stephen King, Amy Winehouse, Warren Buffet, Louis C. K., Sophia Loren y Michael Jackson.

Libra - La balanza (del 23 de septiembre al 22 de octubre)

Libra[18]

Usted es una de las personas más racionales del planeta, Libra. le encantan todas las cosas bellas, adora el amor y es una persona excepcionalmente justa, lo que hace que sea fácil relacionarse con usted. Lo tuyo es ser civilizado y correcto.

Símbolo: El glifo se parece al signo igual, con el guion superior curvándose hacia arriba en el centro. Esto representa la justicia y el sol poniéndose en el horizonte.

Puntos fuertes: Es refinado en todas sus formas y, además, es la definición de la frialdad. Su temperamento es equilibrado. le das cuenta de las cosas y has nacido diplomático. No desea nada más que la paz esté donde esté y siente un profundo aprecio por la música, el arte y las cosas estéticamente agradables. Es una persona despreocupada con un encanto que atrae a muchos hacia usted. También es bastante coqueto, pero eso no significa que no sea leal en sus relaciones. Su intelecto es excelente y es sensato en todo lo que hace. Es una persona que quiere escuchar todas las versiones de la historia antes de sacar sus conclusiones. De ahí que le encante debatir, hacer todo lo posible por ser objetivo y equilibrar sus emociones con una lógica cuidadosa.

Debilidades: Deja que la gente le haga sentir que no vale, le preocupa mucho y cuando no sabe quién es, le falta confianza. Es muy crítico consigo mismo, especialmente si algunos de sus planetas están situados en Virgo. Le preocupa causar una buena impresión y hacer todo lo posible para contentar a la gente, lo que no siempre sale bien. Por otro lado, a veces no hace todo lo que debería. Cuando no se siente bien, se mete en su caparazón, optando por la vaguedad y consintiéndose solo a sí mismo. No lleva bien las disputas, pero no tiene problema en provocarlas. Busca el equilibrio en su vida, pero no se le da bien mantenerlo. Su tendencia a analizar las cosas en exceso puede ser problemática a la hora de decidir sobre algo importante.

Personajes famosos de Libra: F. Scott Fitzgerald, Cardi B, Gwyneth Paltrow, Gwen Stefani, Mahatma Gandhi, Kate Winslet, Brie Larson, Kim Kardashian, Eminem, Matt Damon, Friedrich Nietzsche, Ralph Lauren, Oscar Wilde, Neil deGrasse Tyson y Will Smith.

Escorpio - El Escorpión (del 23 de octubre al 21 de noviembre)

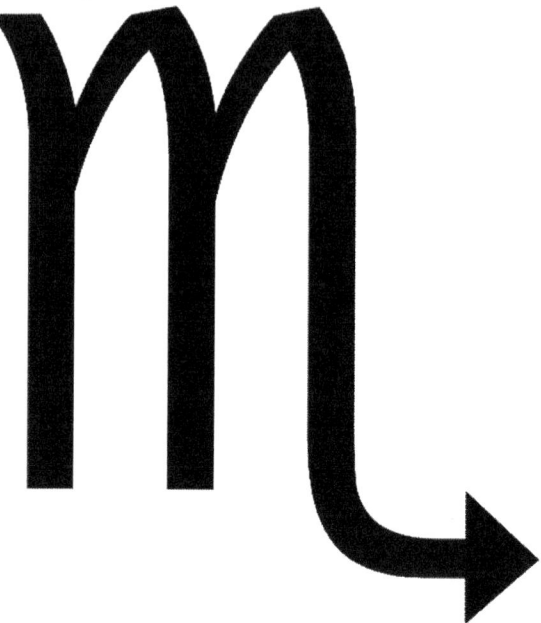

Escorpio[19]

Este signo es todo intensidad. le rige Plutón, lo que le convierte en una persona muy extrema e intensa. No tiene miedo de dar un paseo por el lado salvaje.

Símbolo: El glifo es la letra M con una cola al final de la tercera punta, que representa la cola del escorpión.

Puntos fuertes: Es una persona magnética con una profunda pasión por todo lo que hace. Su sensualidad y vivacidad son cautivadoras. Es una persona compleja que toma la vida en sus manos y tiende a hacer lo que quiere, lo que le hace una persona intensa. Está en sintonía con el lenguaje corporal, las palabras, el drama amoroso y le atraen todas las cosas misteriosas. Su estado de ánimo pasa de subidas celestiales a bajadas infernales porque todo lo siente profundamente. le encanta su intimidad, pero se le da muy bien conseguir que los demás se abran para contarle sus oscuros secretos. Su fuerza de voluntad y autocontrol son dignos de elogio, y siempre ejecuta sus planes en el momento adecuado, ni un instante antes ni después.

Debilidades: Tiene algunos de los rasgos más desagradables, así que ten cuidado con ellos. Es manipulador, muy hábil mintiendo y arrogante. Guarda secretos para manipular a los demás. Cuando no le queda más remedio, no tiene reparos en herir profundamente a la gente, y se le da muy mal perdonar. Puede ser muy frío, lleno de rencor y celos en sus peores momentos. En su mayor parte, los Escorpio hacen bien en no dejar que esa parte oscura saque lo peor de ellos, y algunos sufren depresión.

Escorpios famosos: Bill Gates, Joe Biden, Roseanne Barr, Drake, Julia Roberts, Leonardo DiCaprio, RuPaul, Kelly Osbourne, Jonas Salk, Albert Camus, Robert F. Kennedy, Neil Young, Matthew McConaughey y Caitlyn Jenner.

Sagitario - El Arquero (del 22 de noviembre al 21 de diciembre)

Sagitario[30]

Está lleno de energía, es usted mismo y está regido por Júpiter. Su mente está siempre llena de posibilidades, y nada le gusta más que explorar toda la vida a través de los viajes y de nuevas personas con nuevas ideas.

Símbolo: Este glifo es una flecha que apunta hacia arriba y a la derecha, con un guion que atraviesa la parte inferior de la flecha, haciendo que parezca una cruz. Es la flecha del centauro y representa metas elevadas.

Puntos fuertes: Es usted un alma alegre y le encanta vagabundear. Posee un ingenio asombroso y siempre está listo para la emoción. Es divertido tenerle como amigo y reflexiona sobre las cosas profundas de la vida con aquellos que le importan. Cree que la vida consiste en crecer en sabiduría y experiencia, y no le importa reprimirse en aras de la seguridad. No le va bien que le limiten y prefiere ser su propia persona. Es usted abierto de mente, fácil de tratar y espontáneo. Usted es intrépido en sus planteamientos y un apasionado de la religión y la filosofía.

Debilidades: Aunque le encanta pasarlo bien, una parte de usted no quiere otra cosa que crecer mentalmente, y esto le hace flojear. No es la persona más organizada y a veces muy poco práctica. No tiene cuidado con su dinero y no es la persona más fiable, haciendo promesas que nunca podría esperar cumplir. Además, es usted el signo con menos tacto. No sabe decir la verdad con amor y suelta las cosas sin darse cuenta. Otras veces, su silencio le delata.

Sagitarios famosos: Mark Twain, Frank Sinatra, Sarah Paulson, Sarah Silverman, Jon Stewart, Steven Spielberg, Jane Austen, Zoe Kravitz, Winston Churchill, William Blake, Tiffany Haddish, Lucy Liu y Pablo Escobar.

Capricornio - La Cabra (del 22 de diciembre al 19 de enero)

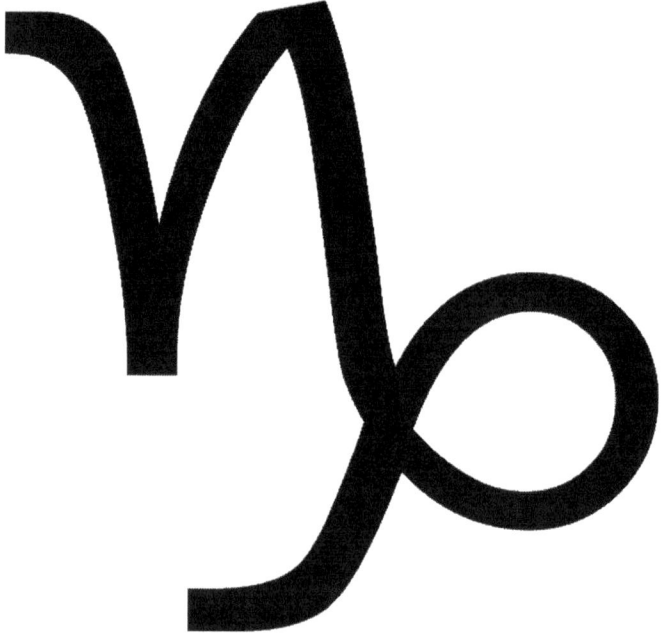

Capricornio[21]

Le encanta la tradición, y si hay alguien a quien le gustan las reglas, es usted. Le encantan las reglas porque prospera con ellas.

Símbolo: Este glifo se asemeja a una combinación de los números 7 y 6, mostrándole los cuernos de la cabra.

Puntos fuertes: Le encanta la competición y es muy productivo. Nunca se le podría acusar de inmaduro. Incluso cuando era niño, era una persona bastante seria, algo que la mayoría de sus compañeros no entendían. De adulto, usted se ha hecho a sí mismo y ha aprendido a ser una persona más alegre. Tiene ambición a raudales y es paciente a la hora de alcanzar sus objetivos, por muy lejanos que parezcan. No tiene problemas con las necesidades de los demás y también les ayuda a conseguir sus objetivos. Está tranquilo ante los problemas y sabe cómo disciplinarse sin llegar al extremo. Usted lleva un aire natural de dignidad y autoridad. También es sensual, como los demás signos de tierra.

Debilidades: Es bastante conservador, por lo que no hace las cosas de forma espontánea. Se preocupa por el dinero y por cómo le perciben y, en sus peores momentos, es bastante pesimista. Reprime su verdadero yo porque le preocupa que le juzguen. No sabe cómo relajarse porque siente que siempre tiene que estar en marcha y que aun le queda mucho por hacer. Siente que haría mucho más si pudiera estar solo. Tiende a trabajar demasiado, e incluso ahora, mientras lees esto, piensa que es algo bueno de lo que estar orgulloso. Sin embargo, es vital relajarse. Además, no se le dan bien los sentimientos porque no le gusta mostrar a la gente lo vulnerable que es o lo mucho que le duele. Le convendría enfrentarse a la verdad tal y como es.

Personajes famosos de Capricornio: Carlos Castaneda, Shona Rhimes, Jim Carrey, Haruki Murakami, Kate Middleton, David Bowie, Dolly Parton, Christian Louboutin, Orlando Bloom, John Legend, Zooey Deschanel, Muhammed Ali, Denzel Washington, Martin Luther King y J. R. R. Tolkien.

Acuario - El Aguador (del 20 de enero al 18 de febrero)

Acuario

Usted es una persona considerada original, que piensa en su futuro y en cómo progresar. Adquiere perspicacia en muchas cosas y es peculiar.

Símbolo: El glifo son dos líneas zigzagueantes apiladas una sobre otra, que representan las ondas del agua o la luz.

Puntos fuertes: Es un verdadero humanitario, teóricamente hablando. Sus principios son muy benévolos y hace todo lo posible por vivir de acuerdo con ellos. Para usted, todo el mundo es igual y debe ser tratado así, por lo que le molesta cuando ve cosas contrarias. Le encanta crear cosas, la tecnología y todo lo relacionado con la ciencia. Su dedo siempre está en el pulso del mundo, y cuanto más extraño y poco convencional, mejor. Es cálido y lleno de carisma y se hace amigo de gente de todos los ámbitos de la vida.

Debilidades: A veces, es muy inmaduro y se niega a llevarse bien con los demás. Es obstinado con las ideas que defiende, incluso cuando no le salen bien. Su punto de vista altruista a menudo se considera falso o con fines de apariencia. Su yo real suele ser distante y prefiere tratar con ideas, no con sentimientos. Puede parecer cálido y acogedor, pero cuando la gente se acerca, le percibe frío, insensible e, irónicamente, es fácil ponerse en su piel. Cuando está en su punto más bajo y peor, es más o menos un robot. También es un poco inseguro, aunque no sea inmediatamente obvio para todo el mundo.

Famosos Acuario: Sheryl Crow, Ellen DeGeneres, Oprah Winfrey, Paul Newman, Ashton Kutcher, Charles Darwin, Wolfgang Amadeus

Mozart, The Weekend, Dr. Dre, Vanessa Redgrave, Paris Hilton, Michael B. Jordan, Cristiano Ronaldo y Virginia Woolf.

Piscis - El pez (del 19 de febrero al 19 de marzo)

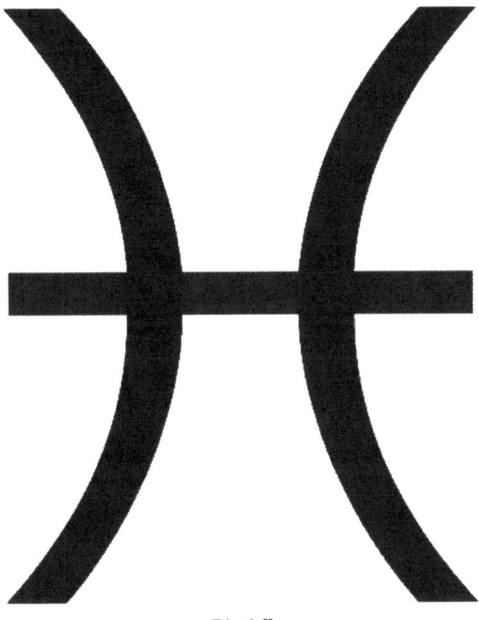

Piscis[22]

Lo suyo es la imaginación y los sueños. Este signo tiene que ver con todo lo espiritual y la verdadera compasión. Su mayor reto es aprender a enraizarse en el mundo a pesar de su inclinación a querer escapar de él.

Símbolo: El glifo parece dos letras C una detrás de la otra, conectadas por un guion. Esto representa la conexión entre el mundo interior y el exterior.

Puntos fuertes: Es usted sensible y lo capta todo emocionalmente. Es bastante psíquico, pero le cuesta mantenerse a salvo porque no es el mejor poniendo límites. Percibe cuando las cosas no van bien entre la gente, lo que le molesta profundamente. Le encanta cuando los tuyos ganan y lo celebra con ellos porque su corazón es grande y está lleno de compasión. Su imaginación no tiene límites y le encanta soñar despierto, lo que le ayuda con soluciones creativas e ideas que resultan útiles en la vida. Está abierto al cambio y tiene un nivel de fe que muchos solo esperan alcanzar. Incluso cuando las cosas no salen bien, confía en que ha sido por su bien mayor.

Debilidades: A veces, se pierde en sus pensamientos. Cuando está en su punto más bajo, es fácil engañarse. Pierde el contacto con la racionalidad y es fácil que la gente le haga daño y que la vida le derrote. A menudo se siente increíblemente autoritario a la enésima potencia. Tampoco se le dan bien las decisiones y, más que nadie, es usted quien más se engaña a sí mismo, a veces hasta el punto de no reconocer su parte de culpa en encontrarse donde está. Cuando las cosas no van bien, espera a que alguien se ocupe de usted o le salve en lugar de pasar a la acción. Puede estar lleno de ira, autocompasión y resentimiento cuando las cosas no salen como usted quiere y es probable que se entregue a las drogas y al alcohol para evadirse de sí mismo y de sus problemas.

Personajes famosos de Piscis: Albert Einstein, Rihanna, Rob Lowe, Kurt Cobain, Queen Latifah, Chelsea Handler, Trevor Noah, Ruth Bader Ginsburg, Victor Hugo, Bryan Cranston, Glenn Close y Erykah Badu.

Capítulo 3: Signos solares - Compatibilidad

Su signo solar es responsable de cómo se ve a sí mismo y cómo le ven los demás. Es responsable de su sentido de la autoestima y la confianza, pero más que eso, tiene una fuerte influencia en su trayectoria vital. Cuando sepa cuál es su signo solar y cómo le afecta, podrá descubrir más a fondo cómo interactúa su signo solar con los demás.

¿Qué es la compatibilidad?

Algunos signos solares son más compatibles entre sí que con otros. Si quiere saber cómo llevarse mejor con los demás en el amor, la amistade y el trabajo, merece la pena que investigue sus signos solares para ver hasta qué punto es probable que se lleven bien. No debe asumir inmediatamente que porque alguien tenga un signo conocido por ser incompatible con el suyo, debe suponer automáticamente que nunca se llevarán bien. Independientemente de su signo solar, incluso si se trata de una de las tres personalidades oscuras -maquiavélicos, psicópatas y narcisistas- debería poder llevarse bien con ellos cuando sea necesario.

Me gustaría señalar que las distintas combinaciones que estudiaremos dependen de otros factores además de los signos solares concretos, como el signo lunar. Así que debe tener en cuenta otros factores además de los signos solares si quiere averiguar una relación específica. Ahora, sin más preámbulos, veamos cada signo y cómo le va con otros signos.

La mejor pareja de Aries

Leo es el indicado para usted, Aries. De todos los signos, no domará a este león, y por eso se siente atraído por ellos. Le atrae esa aura regia que les rodea y le encanta su audacia. Es un combo especialmente estupendo cuando Aries es una mujer y el Leo es un hombre. Leo será el que lleve la batuta aquí. Ambos son signos de fuego, lo que significa que son compatibles. También significa que habrá bastante drama, pero no se preocupen porque pueden salir airosos de cualquier problema, normalmente en el dormitorio. Ambos se mejoran mutuamente. Leo puede aprender a lidiar con el temperamento y la necesidad de pelear de Aries, mientras que Aries tendrá un efecto energizante en Leo.

La peor pareja de Aries

Usted y Tauro se enfrentarán a menudo porque comparten poco o nada en común. Construir una relación juntos es un ejercicio inútil. A Aries le gustan las oportunidades, aprovechar todas las oportunidades que puedan para hacer cosas valientes, lo que significa salir de la propia zona de confort. Por otro lado, Tauro solo quiere paz y estabilidad, ya que le reconfortan, por lo que pensará que Aries es demasiado trabajadora, y esta pensará que los Tauro son demasiado aburridos.

La mejor pareja de Tauro

Capricornio está hecho para usted, Tauro. Congenian bien, son signos de tierra y tienen los mismos patrones de pensamiento. Son individuos con los pies en la tierra y siempre prácticos, y afortunadamente hay suficiente diferencia entre sus personalidades como para brindarse el equilibrio necesario para que esta unión funcione. Tauro es tranquilo y disfruta de la paz, deleitándose en el materialismo y el placer. Cuando esto va demasiado lejos, son indulgentes o francamente perezosos. Capricornio es un signo diligente, muy ingenioso y siempre poniendo las cosas en su sitio para asegurar su éxito. Pueden ser unos adictos al trabajo. Juntos, estos signos se equilibran mutuamente, con Capricornio encendiendo un fuego bajo Tauro y Tauro enseñando a Capricornio a relajarse.

El peor partido de Tauro

Sagitario no congeniará en absoluto bien con usted. A Sagitario le gusta viajar y disfruta con las cosas nuevas, mientras que Tauro se resiste al cambio y prefiere la rutina. No quieren nada más que comodidad, buen sexo, comida deliciosa y una cama cómoda para terminar el día. Esto no funciona con Sagitario porque no anhela nada más que viajar, y eso es demasiado caótico para Tauro. Además, Tauro se pone celoso con facilidad, un rasgo poco atractivo para el arquero, que desde luego no quiere ser poseído.

La mejor pareja de Géminis

Le iría maravillosamente bien un Libra. Trabajan bien juntos socialmente y les encanta salir juntos. Ambos son aprendices de por vida, lo que les facilita conectar con personas de todos los ámbitos de la vida. Nunca podrán aburrirse el uno del otro porque tienen mucho de qué hablar. Géminis comprende la indirecta comunicación de Libra porque ustedes están conectados intuitivamente. Ambos son bastante coquetos y no se ponen celosos ni inseguros porque entienden esto el uno del otro.

La peor pareja de Géminis

Géminis no tiene nada que hacer en una relación con un Escorpio. Mientras que a Géminis le complace estar involucrado en varias cosas a la vez, Escorpio se centra en hacer una sola cosa y darlo todo. Para Géminis, eso es una obsesión. En cuanto a Escorpio, ven a Géminis como una persona superficial. No les resulta fácil conectar. Escorpio no soporta lo mucho que puede cambiar Géminis, mientras que Géminis no entiende cómo Escorpio se centra en una sola cosa. Géminis es una mariposa social, y Escorpio no puede soportarlo porque es propenso a los celos. Si a esto le añadimos la propensión de Géminis a coquetear, podría ser un problema. Además, es posible que Géminis no siempre sepa cuándo Escorpio no quiere que los demás sepan algo, y podría molestar a este último cuando el primero se entere accidentalmente.

La mejor pareja de Cáncer

Piscis y Cáncer funcionan maravillosamente bien juntos, ya que ambos son signos de agua, por lo que el vínculo emocional que comparten es increíble. Se entienden tan bien que ni siquiera necesitan decirse una palabra para transmitirse un mensaje. Saben ofrecerse mutuamente consuelo y calor, y allí donde divergen en carácter, sus diferencias son en realidad buenas para la unión. Cáncer es un signo práctico, una persona hogareña a la que le encanta cuidar de los demás. Por ello, pueden llegar a preocuparse demasiado y ponerse nerviosos. Piscis es un signo espiritual con un alma gentil, y son algunas de las personas más compasivas de la Tierra que comprenden la naturaleza humana. A pesar de ello, no suelen tener los pies en la realidad y les cuesta ser prácticos. Así que Piscis aprenderá esto de Cáncer, y ayudarán a este a encontrar la paz.

La peor pareja de Cáncer

A Cáncer le iría horrible con Acuario, suponiendo que incluso consiguieran encontrarse atractivos el uno al otro, para empezar. Cáncer proviene de un lugar emocional e intuitivo, mientras que Acuario es una persona lógica que sostiene la razón por encima de todo. No se entienden, así que no pueden conectar, y mucho menos hacer las paces con lo que les hace diferentes. Nadie puede hacer que Acuario sienta profundamente, y ningún Cáncer puede cambiar eso. Cáncer encontrará a Acuario demasiado frío. Es raro encontrar una conexión exitosa entre estos dos.

La mejor pareja de Leo

Además de con Aries, Leo también es compatible con Libra, que es todo un diplomático, coqueto y conversador. Libra naturalmente hace que Leo quiera ser extra encantador y suave, y lo hace sin amenazar con arrebatarle el protagonismo al león, lo que les hace aún más atractivos. Son la pareja que le gusta observar. Son muy sociables y dan las mejores fiestas, con Libra como el anfitrión más gentil y Leo el centro de atención. Incluso a puerta cerrada, son así. De vez en cuando, es conveniente que se tomen un descanso de la actuación y se relajen. Libra podría ser el más frío de los dos cuando están solos, pero el amor sigue siendo fuerte entre ambos.

La peor pareja de Leo

Leo y Virgo no podrían trabajar juntos. Para empezar, son adyacentes en el círculo zodiacal, lo que significa que tienen problemas para conectar. Claro que hay raras excepciones, pero rara es la palabra clave. A Leo le encanta ocupar el centro del escenario, mientras que Virgo es una persona modesta que prefiere estar en casa entre bastidores. A Leo le encanta que le adoren, pero a Virgo esto no se le da tan bien, aunque aprecia los cumplidos sinceros cuando cuentan. Virgo intenta ser útil con sus sugerencias constructivas, pero esto no va bien con el vulnerable Leo, que se siente criticado. No ayuda el hecho de que Virgo no ofrecerá un cumplido a menos que sea bien merecido.

La mejor pareja de Virgo

Virgo y Capricornio son maravillosos. Ambos son signos de tierra y personas prácticas con un sano sentido del materialismo. Les va bien trabajar juntos e intuitivamente saben lo que el otro necesita para apoyarse. Lo más probable es que se enamoraran en el trabajo. Si mantienen esta relación, ambos comparten un gran sentido del humor y la risa es la norma para los dos. Su alegría mutua les permite relajarse el uno con el otro y ser más sensuales. Sus diferencias también funcionan bien juntas. Por ejemplo, Capricornio tiene poco tiempo para tonterías en su carrera y sus ambiciones y siempre tiene en cuenta su futuro en todo lo que hace, pero esto le hace olvidar cosas importantes como la salud. Por otro lado, Virgo ve todos los detalles que los demás pasan por alto y le recuerda a Capricornio que debe cuidarse. Capricornio también ayuda a Virgo cuando se dispersa y se desconcentra.

La peor pareja de Virgo

Acuario y Virgo son un no rotundo. Estos signos son intelectuales pero no compatibles. Virgo tiene los pies en la tierra y es práctico. Les gusta archivar las cosas en las casillas apropiadas. En cuanto a Acuario, no les interesa la caja, y ése es el problema. Sin embargo, reconocen la destreza intelectual del otro, por lo que podrían funcionar bien en otros aspectos, solo que no románticamente. Para Acuario, Virgo se molesta demasiado. Para Virgo, Acuario rompe las reglas, y no en el buen sentido.

La mejor pareja de Libra

Aparte de Leo y Géminis, Libra se lleva bien con Acuario. Como signos de aire compañeros, son muy compatibles. Libra es el sociable que no tiene problemas para encajar en cualquier sitio. Acuario suele ser el raro en los grupos. A ambos les excita el intelecto y esto es lo que les atrae el uno del otro. Libra es inteligente, pero restan importancia a este rasgo porque comprenden que algunas personas no pueden manejarlo. Sin embargo, saben mucho de todo y pueden mantener conversaciones sobre cualquier tema con cualquier persona. Libra es un signo justo y equitativo, por lo que respeta las normas y sigue las señales sociales, pero en el fondo, hay un poco de picardía que asoma de vez en cuando, lo que les atrae de Acuario.

La peor pareja de Libra

Nunca podría funcionar entre un Libra y un Escorpio. Escorpio siempre está buscando pelea, y Libra no tiene tiempo. Libra es una persona cortés que ama la honestidad, la paz y la armonía, todo lo cual le cuesta a Escorpio. Libra dirá "mentiras piadosas" en aras de la paz, pero mentir no está en su naturaleza. Los Escorpio también valoran la honestidad, pero cuando están en su peor momento, pueden dar un giro de 180 grados y manipular y mentir hasta la saciedad. Este rasgo es bastante irónico, dado que son muy intuitivos y pueden darse cuenta de cuándo les están mintiendo. Se sienten impulsados a llegar al fondo de las cosas, pero esto inquieta a Libra porque la verdad puede no ser algo que puedan manejar. A Libra le encanta aprender sobre la gente, pero no quiere entrar en los asuntos oscuros, y tampoco está de humor para compartir esto, algo que Escorpio desea profundamente.

La mejor pareja de Escorpio

Escorpio y Piscis funcionan bien juntos, por ser signos de agua. Ambos son increíblemente intensos y sensibles a las emociones. Están conectados intuitivamente y pueden incluso compartir la telepatía. Piscis es la persona más fluida, mientras que Escorpio tiene el empuje y es más intenso. Piscis es el más flexible. Escorpio es siempre el líder en la relación, siendo protector y estando al mando independientemente del sexo. Piscis aporta su suavidad a la relación para aportar a Escorpio la tranquilidad que necesita. La comprensión innata que Piscis tiene de los humanos hace que sea uno de los pocos signos que ven más allá del mal comportamiento de Escorpio, lo que hace que a este le resulte difícil ocultar la verdad de su vulnerabilidad. Funcionan bien a largo plazo.

La peor pareja de Escorpio

Aparte de Géminis, Sagitario es otro signo con el que Escorpio no se lleva bien. Estos dos signos no comparten rasgos comunes. Los Escorpio quieren intimidad y una relación profunda. Esto choca con el deseo de Sagitario de ser libre. Aquí no hay lugar para las negociaciones. Nada será nunca suficiente para Escorpio en este emparejamiento, y Sagitario sentirá que hay una soga alrededor de su cuello que se estrecha cada día que pasa con Escorpio. Afortunadamente, es raro que estos dos lleguen a conectar.

La mejor pareja de Sagitario

Aries es el mejor partido para el arquero, y aquí hay mucho fuego en juego. A ambos les encanta vivir aventuras juntos, y esta es una relación llena de momentos divertidos. El amor de Sagitario por los viajes es algo que a Aries le parece bien, y Aries no necesita que Sagitario se involucre demasiado emocionalmente en la relación. Además, Aries respeta a Sagitario, lo que hace que se sientan aun más atraídos sexualmente por el arquero. Consideran a los sagitarianos personas fuertes y se sienten atraídos por la fuerza. Aries no es la persona más fácil con la que llevarse bien, por lo que la actitud relajada de Sagitario es positiva para esta unión. Sin embargo, ser relajado no significa que el arquero no sea fuerte. Son una encantadora combinación de relajados y poderosos, lo que significa que pueden manejar cualquier cosa que Aries les lance.

La peor pareja partido de Sagitario

Además de Escorpio y Tauro, a Sagitario no le va bien con un compañero Sagitario porque, aunque ambos se lleven bien, no permanecerán juntos a largo plazo. Los Sagitario temen comprometerse porque eso significa tener que asentarse, la antítesis completa de su deseo de explorar. Si por ellos fuera, serían felices viviendo una vida de solteros hasta que fallezcan. Ninguno de los dos miembros de la pareja podrá impulsar realmente la relación porque no están dispuestos a conformarse.

La mejor pareja de Capricornio

Capricornio se lleva muy bien con Virgo. Ambos son signos de tierra y pueden estar el uno con el otro en armonía. Aquí hay más tensión que la que se tendría con un emparejamiento de Tauro y Capricornio. En este caso, Capricornio tiene que aportar equilibrio a la relación. Se apoyan mutuamente, con Capricornio considerando el largo plazo y Virgo capaz de manejar las cosas a corto plazo. Hay romance, pero también hay trabajo. Esta relación sería aun más hermosa si se dedicaran juntos a los negocios.

La peor pareja de Capricornio

Leo y Capricornio no se llevan bien porque siempre están compitiendo por estar en la cima, y no podrían ser más diferentes. Leo exuda esa aura regia, y no dejarán que lo olviden. Tienen que ser adorados y quieren llevar la voz cantante. En el lado opuesto, tiene a Capricornio, que está más interesado en hacer las cosas. No podría importarles menos lo guay que es Leo, lo que enfurece a este último. Capricornio resulta aburrido para un Leo, por lo que no es habitual encontrar una relación laboral entre estos dos.

La mejor pareja de Acuario

Acuario y Sagitario funcionan bien juntos. Pueden parecer distantes y no necesitan cercanía emocional, pero de algún modo esto es lo que hace que funcionen. Se entienden. Saben lo que es sentirse abrumado o harto de la necesidad de la pareja, así que no les importa estar el uno con el otro. También son la pareja a la que le encantaría vivir en su propia casa, tener habitaciones separadas o mantener una relación abierta. Acuario es distante pero amistoso y bastante estable emocionalmente y Sagitario aporta una energía excitante a la relación.

La peor pareja de Acuario

A Acuario no le iría bien con un Virgo, aunque compartan los mismos amigos, ya que tienen facilidad para los asuntos intelectuales y los eventos. Sin embargo, persiguen sus pasiones de forma diferente, ya que Virgo se centra en los detalles y Acuario en el panorama general. Acuario es también un rompedor de reglas, lo que no sienta bien a Virgo. Estos dos se frustrarán inevitablemente el uno al otro.

La mejor pareja de Piscis

Aparte de Cáncer, Piscis se lleva bien con Virgo. Son signos opuestos, lo que significa que funcionan bien como pareja. A ambos les gusta ofrecer servicio y comprender el valor de mantenerse humildes. Sin embargo, sirven a los demás de forma diferente. Mientras que Virgo es un ayudante práctico, a Piscis le gusta más ayudar a la gente con asuntos espirituales. Piscis tiene una mejor visión de conjunto que Virgo, pero no son los mejores con los detalles. Sin embargo, Virgo puede ver los detalles que Piscis pasa por alto, y aquí es donde se encuentran a medio camino y funcionan maravillosamente bien juntos.

La peor pareja de Piscis

Piscis y Leo no funcionan. No tienen suficientes similitudes y sus diferencias no se complementan. Cuando Piscis es un hombre y Leo una mujer, ella puede tener problemas para ver la fuerza de él, que está presente, pero no es del tipo que le interesa a la mujer Leo. Probablemente podrían funcionar si ella pudiera mirarle desde otra perspectiva. Lo contrario ocurre cuando se trata de un hombre Leo con una mujer Piscis. Ella estará absolutamente enamorada de lo encantador que es él, y él la amará a ella por adorarlo. Sin embargo, verán que no tienen mucho en común con el tiempo.

Capítulo 4: Los signos solares en el trabajo

Cada signo solar conduce a una personalidad laboral diferente[28]

Aunque cada persona tiene su toque individual único, su signo solar puede, en efecto, dar forma a aspectos de su personalidad y estilo de trabajo, a la vez que proporciona una idea de cómo reaccionan los demás ante usted en función de su fecha de nacimiento. Hay ciertas cualidades que el signo solar determina a la hora de evaluar a las personas que es beneficioso que usted y sus colegas comprendan.

Por ejemplo, si usted es Aries, puede que le describan como una persona de carácter fuerte y seguro de sí mismo. Sin embargo, también es habitual que las personas con este signo solar sean impacientes y temperamentales. Estas características dificultan la interacción con los demás. Pero si conoce estos posibles problemas de personalidad, puede trabajar para evitar que le consideren difícil.

Su signo solar puede darle una idea de su personalidad, pero no es el único factor influyente. Cuando considere su trabajo o su trayectoria profesional, aproveche la perspectiva que le ofrece su signo.

Aries en el trabajo

El signo solar Aries es audaz y franco. En el trabajo, esto significa que usted es directo y, a veces, atrevido con sus comentarios o palabras.

Las personas de Aries son conocidas por ser competitivas y decididas, por lo que trabajar con un grupo de individuos de ideas afines será como un juego de superación personal. Evite dejarse definir por las opiniones de sus colegas para no quedar atrapado en este ciclo.

En algunos casos, los líderes Aries hacen comentarios insensibles cuando se sienten frustrados o molestos con la situación. Este es un rasgo que le causará problemas si continúa. Recuérdese a sí mismo que debe tomarse un momento y calmarse antes de responder al comentario de un compañero de trabajo.

Puntos fuertes
- Enérgico y entusiasta
- Ambicioso y confiado
- Creativo y enérgico

Debilidades
- Impaciente y temperamental
- Dominante y exigente

Mejores opciones profesionales: Comercio bursátil, empresario, publicidad, medios de comunicación, entretenimiento, seguridad, política, deportes, gestión de catástrofes, servicios de emergencia.

Peores opciones profesionales: Todo lo que sea tedioso y repetitivo, como la banca, la limpieza y el análisis de datos.

Tauro en el trabajo

El Tauro es serio y capaz. La confianza que aporta Tauro puede inspirar a los demás, pero también puede llevarlos a desarrollar una falta de comunicación u otras discusiones innecesarias relacionadas con el trabajo. El tipo de personalidad de Tauro suele percibirse como tranquilo, firme y fiable, pero estos individuos se toman un momento para ponerse en el lugar de los demás antes de hablar.

La mejor forma que tienen los Tauro de evitar conflictos con sus compañeros de trabajo es identificar el sentimiento que hay detrás de las reacciones de los demás hacia usted. Comprender en qué difieren sus reacciones de las suyas le ayudará a comunicarse mejor con sus colegas y a tener interacciones más fáciles en general.

Los del signo solar Tauro son conocidos por ser prácticos y fiables. Esto es bueno para hacerse respetar por sus colegas. Pero este signo también es conocido por ser testarudo, por lo que es importante equilibrar su profesionalidad con su necesidad de hacer las cosas a su manera.

Los Tauro también se inclinan por el materialismo, lo que significa que pasan tanto tiempo pensando en lo que quieren como en las posibilidades disponibles. Esta característica les hace parecer egocéntricos e influye en la forma en que Aries interactúa con un Tauro.

Puntos fuertes
- Metódicos y pacientes
- Perseverantes y tenaces

Debilidades
- Obstinado y complaciente
- Materialista e inflexible.

Mejores opciones profesionales: Medicina, farmacia, dirección artística, diseño de interiores, contabilidad, banca, enfermería, gestión de proyectos, intermediación inmobiliaria, arquitectura, música, cocina e investigación científica.

Peores opciones profesionales: Los trabajos que requieren una toma de decisiones rápida, como pertenecer al cuerpo de policía, ser bombero o traumatólogo.

Géminis en el trabajo

Los del signo solar Géminis son entusiastas, habladores, ingeniosos, versátiles y adaptables. Interactuar con ellos es todo un reto porque tienen una opinión sobre todo, lo que dificulta que los demás puedan articular palabra. Para llevarse bien con los de su signo solar, debe estar dispuesto a escuchar y, al mismo tiempo, ofrecer su opinión cuando sea necesario o apropiado.

Los Géminis son conocidos por ser inteligentes y poco ortodoxos. Por lo tanto, con frecuencia desafiarán las convenciones y las normas y se cuestionarán por qué son incluso necesarias en primer lugar. Esto puede convertirlos en una incorporación bienvenida a cualquier equipo, sobre todo si aportan un toque innovador o una dirección creativa a un proyecto.

Sin embargo, sus colegas pueden verle como un poco huidizo a la hora de aceptar las críticas.

Evite cometer el error de asumir que todo el mundo quiere lo mismo o aprecia su estilo de trabajo único. Se cuestionará por qué está allí en primer lugar, ya que puede tener la sensación de que todo el mundo hace lo mismo.

Si es usted Géminis, es importante que se tome un momento antes de responder a los comentarios o críticas de un compañero de trabajo.

Puntos fuertes
- Poco convencional y creativo
- Capaz de encontrar soluciones a los problemas
- Brillante y de ingenio rápido

Debilidades
- Cínico y a la defensiva
- Ingenuo y falto de habilidades básicas
- Egocéntrico
- Sensible

Mejores opciones profesionales: Diplomacia, interpretación, periodismo, viajes, *blogging*, gestión de eventos, traducción de idiomas, publicidad, medios de comunicación, creación y enseñanza de cursos cortos, ventas, gestión de tecnologías de la información y guía turístico.

Peores opciones profesionales: Dado que no es usted el más indicado para comprometerse con una sola decisión, debería mantenerse alejado de los trabajos centrados en asuntos y proyectos a largo plazo. Además, si es un trabajo que no le permite socializar, no es para usted.

Cáncer en el trabajo

Las personas con el signo solar Cáncer son cariñosas y afectuosas. Esto le va bien en el trabajo, ya que sus compañeros sabrán cuánto compromiso y esfuerzo pone en cada proyecto o tarea. Sin embargo, le resultará más difícil separarse para hacer nuevas conexiones debido a la lealtad de este signo.

Los Cáncer suelen trabajar solos debido a su afinidad por la privacidad, por lo que no siempre están al tanto del progreso del proyecto, ya que pierden oportunidades de reconocimiento y avance. Esto puede causar frustración cuando no reciben la misma atención que los demás. Asegúrese de que todos participan en el proceso de toma de decisiones y comunique toda la información posible a lo largo del proyecto.

Puntos fuertes

- Comprometido y orientado al detalle
- Cumplidor y meticuloso
- Empático y comprensivo

Debilidades

- Defensivo y reservado
- Exigente y obstinado
- Leal hasta el punto de ser ajeno a las necesidades de los demás.

Mejores opciones profesionales: Terapia y asesoramiento, recursos humanos, panadería, psicología, enfermería, nutrición, hostelería, medicina, restauración, inmobiliaria, antropología, arqueología, enseñanza y trabajo social.

Peores opciones profesionales: Usted es muy emocional, por lo que es probable que no le vaya bien ningún trabajo que requiera sentido práctico. Manténgase alejado del marketing porque no es usted una persona a la que le guste asumir riesgos. Aléjese también de la política, los seguros y el comercio de acciones.

Leo en el trabajo

Los Leo buscan el reconocimiento y el aprecio, incluso cuando están en el lugar de trabajo. Son conocidos por su buen aspecto y su confianza en sí mismos, lo que les convierte en grandes líderes y personas influyentes en potencia. Sin embargo, también es un signo propenso a ser demasiado dramático en ocasiones. Por eso, cuando las cosas no salen como se pretendía, a los Leo les cuesta no tomárselo como algo personal.

Si trabaja con alguien que es Leo, asegúrese de tomarse un momento antes de responder a sus comentarios o críticas. A veces, los Leo serán demasiado egocéntricos en sus decisiones, haciendo que los demás sientan que no se implican en los asuntos que les conciernen.

La presencia de un signo solar Leo puede parecer más grande que la vida, lo que resulta beneficioso para quienes les rodean. Pero también puede ser un reto mantener relaciones diplomáticas con otras personas debido a la tendencia de los Leo a ser prepotentes y arrogantes. Si es usted Leo, es importante que se recuerde a sí mismo que los demás pueden no estar tan satisfechos con lo bien que le va como a usted. Podría hacer que sus colegas se cuestionaran si están realmente comprometidos con el proyecto y si creen en lo mucho que han trabajado en un proyecto concreto.

Los Leo son temperamentales y competitivos, lo que les hace tener éxito en el trabajo, pero necesitan ayuda para aprender a trabajar de forma más colaborativa con sus compañeros.

Puntos fuertes

- Ingeniosos y encantadores
- Inteligentes y ambiciosos
- Innovadores y con visión de futuro

Debilidades

- Volátil e imprevisible
- Dictatorial y dominante
- Resentido con el éxito de los demás

Mejores opciones profesionales: Política, diplomacia, interpretación, modelo, moda, diplomacia, iniciativa empresarial, organización de eventos, estrategia mediática. También puede ser portavoz, funcionario, ministro o jefe ejecutiva.

Peores opciones profesionales: No se le da bien la autoridad ni recibir órdenes, así que manténgase alejado de los trabajos administrativos. Además, evite los trabajos en los que no pueda interactuar con el público.

Virgo en el trabajo

El signo solar Virgo es organizado y eficiente. Son los empleados ideales, pero también pueden hacer que los demás confundan la eficiencia de Virgo con terquedad. Los Virgo son profundamente analíticos, lo que significa que cuestionarán con frecuencia cada decisión o acción, dificultando la interacción con sus colegas.

Se necesita mucho trabajo duro para triunfar en el lugar de trabajo, y los Virgo suelen tener más de la cuenta. Además, a este signo le cuesta llevarse bien con los demás porque les cuesta aceptar las críticas. Esto puede crear fricciones en un equipo, ya que solo una persona puede hacer valer su punto de vista. Los Virgo deben aprender a comunicarse eficazmente cuando se sientan frustrados o desatendidos por la falta de reconocimiento a su duro trabajo.

Recuerde que sus compañeros de trabajo también son humanos y solo hacen lo que creen que es mejor para la organización. Así que resuelva sus diferencias acercándose a sus colegas con respeto.

Puntos fuertes
- Metódico y detallista
- Minucioso y atento a los detalles
- Eficaz y práctico

Debilidades
- Poco práctico y pesimista
- Crítico con el trabajo de los demás
- Resentido con los elogios que otros reciben por su trabajo
- Excesivamente analítico hasta el punto de ser inflexible o indeciso

Mejores opciones profesionales: Investigación, traducción, edición, diseño, detective, estadístico, hostelería, nutrición, veterinaria, aparejador, auditor, contable.

Peores opciones profesionales: No tendrá éxito trabajando en seguridad ni en ningún trabajo que implique aventura.

Libra en el trabajo

El signo solar Libra es diplomático, lo que puede ser un buen rasgo en el trabajo. Sin embargo, a este signo le cuesta tomar decisiones, asumir responsabilidades y ser asertivo. Esto les hace parecer insípidos ante sus colegas porque se esfuerzan mucho por caer bien a todo el mundo.

Asegúrese de que su compañero Libra comprende las exigencias de su puesto en la empresa y la importancia de cumplir los plazos. Permítales dar su opinión sobre un proyecto antes de empezar para que se impliquen y se comprometan. Sentirán que sus ideas y necesidades se tienen en cuenta antes de emprender cualquier acción.

Esté atento a los signos de frustración o decepción de su colaborador. Esto podría indicar que se sienten incómodos con la cantidad de responsabilidad que recae sobre sus hombros, algo que debería discutirse para evitar problemas futuros.

Las personas Libra también son indecisas y se sienten incómodas discutiendo nuevas ideas o decisiones difíciles. Normalmente, a Libra le gusta trabajar en equipo, ya que aprecia otras opiniones y puntos de vista para la toma de decisiones.

Puntos fuertes

- Diplomático
- Capaz de hacer malabarismos con diferentes responsabilidades
- Sensible a las necesidades de los demás

Debilidades

- Poco práctico
- Veleidoso e indeciso
- Maleable y falto de compromiso o concentración
- Se desconecta fácilmente de los objetivos o plazos del proyecto
- Poco realista en cuanto a plazos, presupuestos o expectativas del proyecto

Mejores opciones profesionales: Derecho, negociación, trabajo de detective, recursos humanos, asesoramiento, estilismo, diseño de interiores, diplomacia, negociación, mediación, planificación de eventos, grupos de presión.

Peores opciones profesionales: Aléjese de los trabajos que le obliguen a tomar decisiones críticas sobre la marcha.

Escorpio en el trabajo

El signo solar Escorpio es apasionado, imaginativo y muy intuitivo. Pueden analizar datos y tomar decisiones rápidas con facilidad, ya que pueden contemplar las situaciones desde múltiples ángulos.

Los Escorpio suelen tener dificultades para pedir ayuda, ya que creen que solicitarla les hace parecer débiles. Esto hace que les cueste delegar, ya que tienen miedo de cómo reaccionarán los demás si no pueden encargarse de todo ellos mismos.

Los Escorpio suelen ser excesivamente críticos y hieren o molestan a los demás por la forma en que interactúan con ellos en el lugar de trabajo.

Los Escorpio deben recordar que sus compañeros de trabajo también son humanos, aunque no estén de acuerdo con sus opiniones o acciones. Escuche a sus compañeros de trabajo y recuerde que solo quieren ayudarle.

Puntos fuertes

- Brillante e inventivo
- Dedicado y apasionado
- Simpáticos
- Intuitivo y perspicaz

Debilidades

- Posesivo de su territorio o de sus logros
- Demasiado dramático o malhumorado
- Rápido para la ira o el resentimiento
- Implacable cuando se enfrenta a la competencia o a amenazas a su éxito

Mejores opciones profesionales: Ingeniería, espionaje, cirugía, ciencia, investigación, ingeniería, asuntos de fertilidad, análisis de mercado, análisis empresarial, ocultismo, servicio secreto, psicología, asesoramiento financiero, astrología.

Peores opciones profesionales: Manténgase alejado de los trabajos sin un significado más profundo. Por ejemplo, traducción, cocina, estadística y matemáticas.

Sagitario en el trabajo

El signo solar Sagitario es entusiasta y optimista, lo que les convierte en grandes colegas, ya que su sentido del humor aligera el ánimo en situaciones tensas. Sin embargo, son abiertos de mente, lo que les hace parecer escamosos o desorganizados en el lugar de trabajo.

Los Sagitario necesitan aprender a ser más organizados y centrados en el trabajo para utilizar su tiempo de forma más eficaz y obtener el reconocimiento y el ascenso que buscan.

Sagitario también se siente atraído por el sexo opuesto, por lo que podría resultarles difícil concentrarse en su trabajo en la oficina con sus compañeros. Los Sagitario deben aprender a resistir la tentación y concentrarse en su carrera. Esto les permitirá hacer grandes conexiones en el trabajo y fomentar relaciones que les ayudarán en el futuro.

Puntos fuertes

- Ambiciosos
- Persistente y tenaz
- Aventurero y atrevido
- Creativo y vivaz

Debilidades

- Ingenuo y errático
- Irracional y poco práctico
- Poco prácticos, incoherentes o poco fiables
- Deseosos o excesivamente optimistas

Mejores opciones profesionales: Ventas de viajes, relaciones públicas, administración, entretenimiento, recreación, aventura, turismo, teología, coaching de vida, política, oratoria, pilotaje, deportes, espiritualidad, espíritu empresarial, trabajo detectivesco.

Peores opciones profesionales: Aléjese de todo lo mundano. Además, no le va bien trabajar donde no se reconozcan sus esfuerzos o esté encadenado a una silla, como escritor fantasma, corrector de textos o cualquier otro trabajo de oficina.

Capricornio en el trabajo

Los Capricornio son pragmáticos y disciplinados, por lo que encajan muy bien en el lugar de trabajo. Sin embargo, también son excesivamente analíticos y críticos con los demás, lo que les dificulta relacionarse con los demás en la oficina, ya que parecen fríos o distantes.

Los Capricornio deben evitar ser críticos con sus colegas o parecer distantes o desinteresados por los demás. En su lugar, deben reconocer que esta es su tendencia natural cuando están bajo estrés y aprender a manejarla para que no afecte a su eficacia en la oficina.

Este signo es serio, disciplinado y eficaz en todo lo que hace, lo que les convierte en empleados ideales y grandes líderes. Están muy orientados a los objetivos y también pueden motivar a los demás para que tengan éxito. Sin embargo, esté atento a los signos de frustración de su compañero de trabajo Capricornio, ya que reprimen sus sentimientos en lugar de abordarlos. Los Capricornio deben recibir regularmente comentarios sobre su rendimiento. Esto les permite reflexionar sobre dónde pueden mejorar.

Asimismo, haga llegar a su compañero de trabajo Capricornio cualquier elogio y reconocimiento que merezca, especialmente en un foro público donde también lo notarán los demás.

Puntos fuertes

- Eficiente y eficaz
- Disciplinado y organizado
- Emprendedor e innovador

Debilidades

- Poco emocional o frío
- Controlado o distante
- Reservado o indiferente
- Falta de concentración o de seguimiento
- Puede intimidar a los demás con su actitud fría

Mejores opciones profesionales: Banca, derecho, informática, medicina, ciencia, contabilidad, administración, ejecución de empresas, física, planificación financiera, negocios, consultoría, logística, ciencia y gestión de la cadena de suministro. También puede ser becario de física o director general.

Peores opciones profesionales: No hay nada que le guste más que la excelencia financiera, así que debe aceptar un trabajo en el que se le compense adecuadamente. Manténgase alejado de todos los trabajos que requieran aventura o tener que tomar decisiones en caliente.

Acuario en el trabajo

Acuario es trabajador y decidido. También son abiertos de mente y aceptan opiniones diferentes, lo que les convierte en un gran activo para el entorno de oficina. Sin embargo, les cuesta aceptar las críticas, por lo que es esencial darles retroalimentación para que puedan evaluar su rendimiento laboral.

Los Acuario son demasiado emocionales en el lugar de trabajo, lo que puede hacer que actúen de forma descuidada o que sean presa de sus emociones al tratar con sus compañeros. No pueden centrarse en una cosa concreta durante todo el día como hacen otros signos. Esto les causa dificultades en su carrera profesional y les impide alcanzar sus objetivos.

El signo solar Acuario es bastante independiente y poco convencional, lo que dificulta el trabajo de los Acuario con sus compañeros, ya que a menudo no encajan en la cultura de la empresa.

Es importante que esté atento a los signos de insatisfacción de su compañero de trabajo Acuario, ya que podrían estar luchando contra el aislamiento o el rechazo. Les resulta difícil hablar de sus problemas si temen que usted piense que solo se quejan de todo. Como Acuario, si siente que algo no le parece bien, es mejor que hable de la situación en lugar de esperar a que ocurra algo negativo para poder intervenir.

Puntos fuertes

- Innovador y original
- Independiente y dedicado
- Persistente y tenaz

Debilidades

- Excesivamente crítico o cínico
- Propenso a la depresión
- Inestable y cambiante
- Distante, distante o desinteresado por la vida de los demás

- Suspicaz, paranoico o desconfiado con los demás

Mejores opciones profesionales: Música, invención, exploración, ciencia, creación de conceptos, desarrollo informático, electrónica, fotografía, comunicación, astrología, agricultura, aeronáutica, activismo medioambiental e investigación de mercados.

Peores opciones profesionales: No es para usted si su trabajo no le permite utilizar su don innovador. Aléjese de lo convencional y no intente convertirse en agente de la ley.

Piscis en el trabajo

Los Piscis son temperamentales e inconstantes, por lo que les resulta difícil concentrarse en el trabajo. No tienen la concentración necesaria para tener éxito en un entorno laboral. Se sentirán abrumados y distraídos por todo lo que les rodea.

Las personas Piscis suelen tener problemas para comunicar sus emociones, y parecen distantes y frías en el lugar de trabajo. Los Piscis deben aprender a expresar sus sentimientos más a menudo para que se les tome más en serio.

El signo solar Piscis es muy sensible e intuitivo. Es difícil ofenderle, pero puede sentirse fácilmente abrumado por las emociones de los demás.

Los Piscis necesitan aprender a tomarse las cosas menos a pecho y a centrarse en el panorama general en lugar de dejarse llevar por la animosidad o los celos de sus compañeros de trabajo. Asegúrese de que su colaborador Piscis comprende su papel en la empresa y lo que se espera de él antes de iniciar cualquier nuevo proyecto o tarea.

Puntos fuertes

- Cálido y compasivo
- Altamente intuitivo
- Gran jugador de equipo

Debilidades

- Desgarrado entre las exigencias de la vida personal y el trabajo
- Puede ser víctima de malos tratos
- Sujeto a ser manipulado emocionalmente por otros o a ceder a la presión de los compañeros

Mejores opciones profesionales: Puede ser artista, animador, trabajador social, filántropo, terapeuta psíquico, reclutador, peluquero, enfermero, diseñador de parques temáticos, psicólogo, fisioterapeuta o profesor.

Peores opciones profesionales: El beneficio económico no es tan importante porque usted no es práctico. No le interesan mucho los trabajos restrictivos con su tiempo. No intente alistarse en las fuerzas armadas ni convertirse en corredor de bolsa o banquero.

Capítulo 5: Las casas del zodíaco y sus significados

El zodíaco está dividido en doce partes conocidas como casas. Cada casa está dirigida por un signo y conectada con cualidades muy específicas, empezando por su personalidad y extendiéndose hacia la sociedad y el universo. Todos los cuerpos celestes se encuentran en casas y signos determinados cuando usted nace. Por lo tanto, interpretar su carta natal implica tener en cuenta la influencia de cada planeta, observando sus casas y los signos, para ayudarle a determinar sus dones ocultos y sus futuras luchas en esta encarnación.

Cuando un planeta está en una casa, impregna esa casa con sus energías e inevitablemente afecta a su vida. Así es como un astrólogo sabe qué aspectos de la vida necesitan atención en un momento determinado y cómo puede afrontar con eficacia las cosas que le suceden. Las casas de la uno a la seis son casas personales, mientras que las casas de la siete a la doce son casas interpersonales.

Las casas

La primera casa: Es la casa de todas las cosas "primeras". Tiene que ver con los nuevos comienzos, con uno mismo y con su aspecto. Trata de las primeras impresiones, de su cuerpo y de cómo se identifica en la vida. Es la forma en que afronta las cosas en la vida. Aries rige esta casa.

La segunda casa: Esta casa se ocupa de su entorno físico y de sus sentidos. Se asocia con su línea de trabajo, su forma de atraer las finanzas, sus valores, las cosas que más le importan y sus hábitos. Está regida por Tauro.

La tercera casa: Esta casa rige su forma de comunicarse y de pensar. Tiene que ver con sus intereses, su educación y sus vecinos. Tiene que ver con las escuelas, los profesores y los viajes en su entorno inmediato y su comunidad. Géminis la rige.

La cuarta casa: Regida por Cáncer, es la casa del hogar. Tiene que ver con los cimientos, con sus raíces, con cómo cuida de sí mismo, sus emociones, los niños, la maternidad y todo lo relacionado con una mujer.

La quinta casa: Este es el terreno de Leo. Tiene que ver con sus asuntos amorosos y su vida romántica. También se encarga de su forma de expresarse, la exuberancia infantil, el juego, la creatividad, la alegría y el drama en su vida.

La sexta casa: Es el territorio de Virgo. Tiene que ver con la organización, la ética laboral, los sistemas, la forma física, la salud en general y el deseo de ser útil y de servir a todo el mundo.

La séptima casa: La casa de Libra trata de sus vínculos con los demás en las relaciones, los negocios, el matrimonio y los contratos. Se trata de cómo se relaciona y comparte con otras personas.

La octava casa: Esta casa se ocupa de la fusión con los demás, la intimidad, el misterio y el sexo. También se encarga de sus propiedades, bienes, prestamos, herencias y de cómo comparte las finanzas y los recursos con su pareja. Es la casa de Escorpio.

La novena casa: Esta casa está a cargo de los viajes, los descubrimientos, el aprendizaje, la filosofía, la sabiduría, la religión y la ley. La rige Sagitario, por lo que se trata de relacionarse con personas de diferentes culturas.

La décima casa: Aquí reina Capricornio. Esta casa trata de su carrera, experiencia, objetivos a largo plazo, percepción pública, estatus y reputación. También está relacionada con la masculinidad y la paternidad.

La undécima casa: Regida por Acuario, esta casa se encarga de la conexión con los grupos, las amistades y la conciencia de su sociedad. También tiene que ver con sus sueños y esperanzas futuras, su lado excéntrico y cómo afronta los cambios repentinos.

La duodécima casa: Esta es la casa de los finales. Tiene que ver con poner fin a las cosas, la vida después de la muerte, envejecer y rendirse. Es una casa que también implica separarse del resto del mundo, planes ocultos, hospitales, encarcelamiento y otras instituciones. Regida por Piscis, también está a cargo de su mente subconsciente, las artes y la imaginación.

Ahora que ya sabe de qué tratan todas las casas, veamos cada signo del zodiaco en cada casa y cómo es probable que le afecte.

Los signos de cada casa

Aries

Aries es la primera casa: Tiene un sentido muy desarrollado de la individualidad y de la conciencia de sí mismo. No le gusta que le digan lo que tiene que hacer, sino que prefiere estar al mando de su vida. Su personalidad está abierta a nuevas ideas y oportunidades, por lo que siempre está buscando algo que le haga sentirse más vivo o que devuelva la chispa a su vida.

Aries en la segunda casa: Es posible que las personas de su círculo de amistades no le consideren muy sociable. Usted tiene fuertes deseos e intereses, pero prefiere una vida privada. Puede que se lleve bien con sus primos, que comparten algunos rasgos de su personalidad.

Aries en la tercera casa: Es posible que hace algún tiempo pasara por una situación personal muy difícil que le hizo cambiar de vida. Afortunadamente, superó este obstáculo y aprendió una importante lección sobre el sentido común y sobre permanecer conectado a otras personas. Estar separado de la gente le hace sentirse solo y deprimido.

Aries en la cuarta casa: Usted tiene una gran memoria y un excelente sentido de la orientación. Hay un lugar dentro de usted que quizá mantenga oculto a la mayoría de la gente. Es su lugar interior, quizá su retiro o santuario. Solo usted tiene acceso a este lugar oculto, al que acude para tomarse un respiro del resto del mundo y recargar las pilas.

Aries en la quinta casa: La principal lección que ha aprendido desde que llegó a este mundo es que es sano y necesario disfrutar plenamente de la vida. Quiere vivir con más espontaneidad y menos restricciones por parte de otras personas para expresarse con más libertad. Esta lección puede resultarle difícil de aprender, por lo que hace alguna tontería en un intento de dejar claro su punto de vista.

Aries en la sexta casa: Su entorno, especialmente su vecindario, tiene un tremendo impacto en su personalidad. Tiene una sensación inherente de seguridad y bienestar cuando está rodeado de gente que conoce y a la que le gusta estar con usted. Se siente tan a gusto que le resulta difícil imaginar salirse de esos límites.

Aries en la séptima casa: Una cualidad única de su vida se expresa a través del dinero que gana y utiliza a diario. Es usted propenso a ahorrar dinero en previsión de un acontecimiento inesperado, como una enfermedad o un coche nuevo. Probablemente crea que guardar cierta cantidad de dinero es más importante que gastarlo.

Aries en la octava casa: Su hogar es su principal fuente de seguridad, comodidad y amor. Representa la estabilidad y la seguridad, por lo que es usted muy protector con ella. Aunque es posible que se sienta frustrado por alguna situación relacionada con su hogar, le reconforta saber que siempre está ahí cuando las cosas se ponen feas o la vida se vuelve demasiado difícil de manejar.

Aries en la novena casa: Su mente está siempre llena de ideas y pensamientos. Le gusta mantenerse ocupada, por lo que es importante que organice su tiempo para poder hacer lo que realmente le gusta. Muchas cosas le interesan y despiertan su imaginación, pero se aburre y pierde el interés rápidamente en cuanto se pone a trabajar en algo.

Aries en la décima casa: Toma las riendas de las cosas de forma natural. Cuando los demás empiezan a entrar en pánico, o la situación parece demasiado difícil, usted se lanza y toma el mando de la situación. Esto es beneficioso en muchos sentidos, pero debe tener cuidado de no dejarlo ir demasiado lejos. No querrá implicarse tanto que se convierta en un dictador, especialmente si ocupa un puesto de liderazgo.

Aries en la undécima casa: Define su personalidad y vitalidad por los amigos que le rodean y las actividades en las que participan juntos. Es posible que se involucre emocionalmente con la gente y que le gusten o disgusten basándose en cosas tontas que dicen o hacen. Esto crea problemas, ya que otras personas reaccionan del mismo modo, creando tensiones entre ustedes.

Aries en la duodécima casa: Su crecimiento espiritual está directamente relacionado con su estado mental. Se obsesiona con cosas que no tienen importancia o quiere convertir a la gente cuando no es apropiado. Sus esfuerzos en esta área suelen provenir de sus creencias fundamentales o de su religión, por lo que procede de un lugar fuerte.

Tauro

Tauro es la primera casa: Tiene una gran capacidad para atraer a la gente con su sensación de seguridad y estabilidad, pero esto no siempre es lo mejor para usted. Usted tiene una fuerza interior que siempre está ahí, incluso cuando las cosas parecen ir mal en la superficie. Sabe cómo relajarse y disfrutar de la vida, por lo que suele estar rodeada de buenos amigos a los que quiere.

Tauro es la segunda casa: Sabe cómo conseguir lo que quiere. El dinero es importante, pero no por las razones habituales. No le interesa ser rico, sino tener suficiente dinero para hacer lo que desea. Tiene un enfoque muy práctico de la vida, pero a menudo es más sabio de lo que parece a primera vista.

Tauro en la tercera casa: Es muy estable, y la gente depende de usted para pedirle consejos o un lugar donde quedarse cuando se encuentran en una mala situación. Sus poderes de concentración son casi sobrehumanos, y es un experto en centrarse en una cosa a la vez. Nada le distraerá cuando su mente esté enfocada con la intensidad de un láser en algo hasta que esté hecho.

Tauro en la cuarta casa: Su hogar será probablemente un lugar muy sólido, cómodo y seguro. Usted es sensible a los miembros de su familia y, por lo tanto, es un gran padre. Muchos miembros de su familia acuden a usted para que les ayude con sus problemas, por lo que deberá aprender cuándo decir que no.

Tauro en la quinta casa: Usted es sensual y adora los places físicos como la comida, la bebida, el sexo y el tacto. Su vida amorosa siempre es importante, pero es mejor que no la complique demasiado, o el resultado pueden ser situaciones de celos. Su capacidad para ver las cosas con sensatez le ayudará a mantener a raya los celos.

Tauro en la sexta casa: Está muy atento a su hogar y hará todo lo posible para que se sienta cómodo y atractivo. Su sentido de la estética es fuerte y lo utiliza para asegurarse de que el lugar tenga un aspecto agradable.

Tauro en la séptima casa: Usted enfoca las cosas de forma práctica, pero siempre hay una vena artística que le hace querer sentarse con un bolígrafo y un papel y crear. Se expresa mejor a través de la música, la pintura o la escritura porque son formas de comunicar sus sentimientos, que a veces no se hablan entre amigos.

Tauro en la octava casa: El dinero no es tan importante, pero a veces en su vida siente la tentación de aprovecharse de las finanzas ajenas. Proteja su dinero de los demás y no permita que nadie le pida prestado.

Tauro en la novena casa: Tiene un fuerte sentido de la justicia y ve las cosas en blanco o negro. La mayoría de la gente piensa que esta es una casa espiritual y se siente atraída hacia la religión, la filosofía o la metafísica. Es muy paciente con la gente y le encanta mostrarles nuevas experiencias.

Tauro en la décima casa: Tiene mucho empuje y la capacidad de organización necesaria para tener éxito en su carrera. Está dispuesto a trabajar duro por lo que quiere y lo conseguirá con el tiempo.

Tauro en la undécima casa: Los amigos son muy importantes y usted hace cualquier cosa por ayudarles si es necesario. Sus amigos le encuentran muy fiable y responsable, pero a veces también le encuentran un poco testaruda, incluso perezosa, porque es más cómoda que ambiciosa.

Tauro en la duodécima casa: Se le da muy bien ocultar las cosas que quiere ocultar. La gente no puede saber lo que usted quiere ocultar, pero usted lo sabe. Su amor por los secretos le hace vulnerable e inseguro, así que no deje que nadie vea a la verdadera persona que hay detrás de ellos, o podrían hacerle daño.

Géminis

Géminis en la primera casa: Usted es una persona muy inteligente y de ingenio rápido. A menudo tiene muchas ideas simultáneamente, pero no puede ponerlas en práctica todas a la vez. Por lo tanto, le resulta difícil hacer las cosas y a veces se encuentra sin hacer lo que quiere. Necesita una estructura para que las cosas avancen.

Géminis en la segunda casa: Se arriesga mucho con lo que hace y dice, sobre todo porque su mente se mueve constantemente con una rapidez increíble. A menudo, la gente no siempre le entiende, por lo que piensa que su imprevisibilidad le causará problemas tarde o temprano. A la hora de tomar decisiones, tenga esto en cuenta porque no siempre saldrá como se espera.

Géminis es la tercera casa: Es una persona muy curiosa y nunca deja que nada se interponga en su camino hacia el verdadero conocimiento. Le cuesta mucho tomar decisiones, sobre todo financieras. Es fácil que pierda su dinero gastando frívolamente o perdiendo el tiempo en cosas sin importancia.

Géminis en la cuarta casa: Tiene muchos amigos que saben lo que es mejor para ellos gracias a su sensatez. Sin embargo, pronto se interesan por otras cosas que no tienen nada que ver con usted y sus pensamientos se pierden en la confusión. Debe saber cuándo parar y centrarse en usted mismo.

Géminis en la quinta casa: Es una persona optimista que siempre busca lo bueno en las cosas. Puede que no sea tan práctico como otras personas, pero siempre es abierto y honesto. Le encanta aprender cosas nuevas y pasárselo bien, pero esto no significa que no trabaje duro durante el día.

Géminis en la sexta casa: Le encanta viajar, aunque esto signifique salir de casa para ir de vacaciones o en viajes de negocios. Su mente es muy activa, por lo que es fácil distraerse, así que viajar le mantiene muy ocupado y estimulado.

Géminis en la séptima casa: Es una persona muy sociable y le encanta estar con la gente. Su amor por la interacción humana es difícil de resistir, pero esto hace que le resulte difícil mantenerse concentrado en una cosa a la vez. Siempre quiere mantener la mente ocupada, y a veces esto entra en conflicto con otras personas que quieren trabajar solas.

Géminis en la octava casa: Aunque usted es una persona muy inteligente, no siempre toma las decisiones más sabias con sus finanzas. Le gusta ponerse en situaciones que le aceleran el corazón o le causan estrés. Por ejemplo, a menudo gasta más dinero del que debería y luego se siente mal por ello.

Géminis en la novena casa: Usted es un individuo muy curioso al que le encanta aprender cosas nuevas y puede aprender de las experiencias de otras personas. También es muy fácil llevarse bien con usted, lo que facilita que sus amigos le confíen sus vidas. Esto le convierte en una persona muy fiable y hace que los demás se guarden información demasiado importante para revelarla.

Géminis en la décima casa: Tiene muchas ideas que afloran de su subconsciente, y estas ideas a veces son difíciles de entender para la gente. No es fácil que sus ideas y planes sean aprobados por los demás. Si quiere tener éxito, necesita aprender a explicarse para que la gente capte su mensaje.

Géminis en la undécima casa: Es el alma de la fiesta y no le importa salir por la noche a un lugar lleno de gente. Le encanta estar rodeado de gente que tiene nueva información o nuevos pensamientos, pero a veces esto le resulta abrumador cuando tiene que centrarse en una sola cosa.

Géminis en la duodécima casa: Tiene una imaginación muy activa cuando está despierto y cuando sueña. Le resulta difícil tomar decisiones, sobre todo cuando afectan negativamente a la dirección de su vida.

Necesita aprender a superarlo hablando de sus pensamientos y planes.

Cáncer

Cáncer en la primera casa: Es una persona emocional y sensible que lo contiene todo. Quiere expresarse, pero le cuesta poner en palabras sus pensamientos. Lo mismo le ocurre cuando quiere recordar cosas; a menudo le parecen vagas o nebulosas.

Cáncer es la segunda casa: Es una persona muy generosa y le gusta comprar regalos o dar dinero a la gente por cómo le hacen sentir. Puede ganar mucho dinero porque es inteligente y trabajador. Sin embargo, esto podría causarle problemas financieros porque gasta más de lo que gana. También le resulta difícil ahorrar su dinero para futuros objetivos o emergencias, pero esto puede superarse con disciplina y capacidad de organización.

Cáncer en la tercera casa: Le encanta comunicarse y expresar sus pensamientos con mucha facilidad, y disfruta escribiendo cartas y leyendo novelas. Es usted inteligente y tiene una gran memoria, pero le cuesta concentrarse en las cosas importantes o en el trabajo constructivo.

Cáncer es la cuarta casa: Esta posición le proporciona un gran aprecio por las comodidades y la seguridad del hogar. Le encanta tener su propio espacio, por lo que su entorno debe hacerle sentir cómodo. Se preocupa por la seguridad y la protección, aunque es una persona precavida.

Cáncer en la quinta casa: Usted tiene un sentido muy fuerte de la justicia y la equidad, especialmente con los asuntos de dinero. Le gusta juzgar a la gente, lo que le hace ser muy intolerante con los demás, lo que a menudo le lleva a tener mal genio. El crimen y los asuntos legales suelen interesarle.

Cáncer en la sexta casa: Esta posición revela muchas facetas de usted mismo y hace que sea difícil situarse en una categoría o tipo. Usted tiene una mente emocional que pasa de la ira un minuto a la felicidad al siguiente. También tiene dificultades para llevarse bien con sus compañeros de trabajo, lo que a menudo le causa mucho estrés.

Cáncer en la séptima casa: Esta posición le hace desear casarse y tener una familia, aunque es muy tímido con la gente. Usted es cariñoso pero también muy temperamental. Hace amigos con facilidad, pero a veces esto le provoca celos de amigos o rivales. Le gusta pasar tiempo con su pareja o cónyuge, y desea que sean felices por encima de todo.

Cáncer en la octava casa: Tiene un fuerte sentido de la riqueza material y de los bienes que necesita proteger. Éstos son muy importantes porque representan seguridad y protección. Aunque es usted una persona cuidadosa, le gusta gastar mucho dinero en artilugios y objetos innecesarios.

Cáncer en la novena casa: Esta posición le hace muy feliz y enérgico, pero también hace que su mal humor empeore. Tiene fuertes creencias personales y morales que guían su vida, y se preocupa por su salud porque le inquieta que sea demasiado buena o demasiado mala. Es probable que se involucre en asuntos políticos, ya que es donde siente más energía y obtiene más placer.

Cáncer en la décima casa: Esta posición le proporciona una mente analítica que a veces es crítica con otras personas, por lo que le cuesta comunicarse con los demás. Usted es una persona muy sociable y le encanta pasar tiempo con los demás, pero si alguien no está siendo amable o cortés, le enfadará mucho.

Cáncer en la undécima casa: Esta posición le hace bueno en la toma de decisiones y puede ver claramente lo que hay que hacer. Usted es muy lógico y no tiene emociones, por lo que no siempre experimenta la verdadera felicidad en su vida o con los que le rodean. A menudo, se gana enemigos porque la gente no puede comprenderle a usted ni la lógica de sus decisiones.

Cáncer en la duodécima casa: Esta posición le confiere una inteligencia emocional que hace que su mal humor empeore. Es probable que se vea envuelto en asuntos legales debido a su pasión por enmendar los errores que tiene en la cabeza. Prefiere la intimidad y asegurarse de que sus emociones están bajo control cerca de otras personas, aunque le resulte muy difícil ocultarlas.

Leo

Leo en la primera casa: Usted es un líder y es muy ambicioso. Quiere ser el mejor en todo, lo que podría causarle muchos desafíos. Aunque a la gente le gusta estar cerca de usted por su calidez y buena voluntad, a otros les desagrada por su personalidad directa.

Leo en la segunda casa: Tiene problemas financieros debido a su falta de capacidad de organización o de disciplina con el dinero. Le encanta gastar dinero en artículos de lujo, lo que le causa problemas financieros porque sigue gastando más de lo sensato. También es muy probable que se vea envuelto en un escándalo.

Leo en la tercera casa: Es muy popular y a la gente le gusta estar a su alrededor por su calidez y buena voluntad. Es usted extremadamente leal a las personas que han sido amables con usted, siempre que le traten bien, lo que facilita que las personas equivocadas se acerquen a usted.

Leo en la cuarta casa: La gente tiene problemas con su capacidad de liderazgo o sus puntos de vista sobre la vida, especialmente si esos puntos de vista son contrarios a lo que los demás piensan y hacen. Esto posiblemente le cause muchas dificultades a la hora de hacer amigos porque la gente le evitará por ser demasiado contundente con sus creencias.

Leo en la quinta casa: Tiene problemas para alcanzar objetivos románticos y mantener una relación feliz porque su forma de ver las cosas es muy directa. Otras personas más reservadas o tranquilas se sentirán alienadas. Puede que su vida amorosa no sea estupenda, pero lo será,

Libra

Libra es la primera casa: Se le va la mano con sus aficiones o intereses, lo que a menudo le causa vergüenzas sociales. Ejerza el autocontrol antes de gastar el dinero que tanto le ha costado ganar en cosas que solo le aportan una atención negativa.

Libra es la segunda casa: Le encanta tener a su alrededor cosas que le hagan sentirse especialmente bien, como bellas obras de arte o joyas caras. Es esencial que no sea adicta a estas cosas y que limite sus gastos porque acabará quedándose sin dinero para cubrir sus necesidades.

Libra es la tercera casa: Menosprecia a los demás en su apariencia, lo que no resulta muy atractivo cuando la gente se fija en una relación romántica entre usted y otra persona. Sea más humilde; llegará más lejos en la vida.

Libra es la cuarta casa: Aparta las cosas y las mantiene en secreto. Tal vez se deba a su resentimiento hacia sus padres o sus valores, o quizá esté ocultándose algo a sí mismo. Sea cual sea el caso, no reprima sus verdaderos sentimientos.

Libra en la quinta casa: Se divierte mucho con los demás y hace que la vida sea emociona siempre que sale con ellos. Recuerde que puede que otras personas no sean tan extrovertidas como usted, así que no las juzgue.

Libra en la sexta casa: Valora la belleza y la armonía, lo que es bueno para su ética laboral y para cómo se maneja en el trabajo. Sin embargo, no se obsesione demasiado con la estética de su espacio de trabajo y céntrese más en encontrar un equilibrio entre belleza y productividad.

Libra en la séptima casa: Desea que los demás sean felices y hacer que se sientan bellos, lo cual es estupendo. Pero no se olvide de sí mismo cuando haga cosas por los demás, porque usted también se merece la felicidad. Si alguien no le aprecia por lo que es, no merece su tiempo.

Libra en la octava casa: Juzga mucho a los demás, incluso cuando los que juzga son sus amigos. Sea más comprensiva y no juzgue tan rápidamente a la gente a sus espaldas.

Libra en la novena casa: Tiene una afición por la belleza y la armonía que le hace tomar decisiones precipitadas o ceder a sus deseos sin pensarlos bien. A veces es mejor decir no que sí.

Libra en la décima casa: Puede sentirse fácilmente abrumado por todo lo que hay que arreglar en su casa o en su lugar de trabajo; no debe imponerse a estos asuntos inmediatamente si no le necesitan. En su lugar, concentre su energía en las cosas que puede controlar o que se le dan bien hacer.

Libra en la undécima casa: Se siente cohibido cuando está rodeado de otras personas y se toma las críticas como algo personal. Es mejor que la gente sea sincera con usted sobre sus sentimientos que ocultárselos.

Libra en la duodécima casa: Es probable que sus habilidades artísticas pasen desapercibidas porque siente que debe mezclarse con los demás. No tema expresarse, aunque eso signifique ser un poco excéntrico de vez en cuando.

Escorpio

Escorpio en la primera casa: Desea utilizar su atención para atraer a las personas de su vida y que sepan lo bellas que le parecen. Sin embargo, puede que a los demás les resulte difícil ver esa belleza debido a cómo les trata usted. Sea un poco más paciente.

Escorpio es la segunda casa: Su energía es abrumadora e intimidante cuando socializa, así que contenga su energía cuando conozca a gente nueva.

Escorpio es la tercera casa: Su mente está siempre en movimiento y siempre está contemplando cómo hacer que la gente se enamore de usted. Sin embargo, su mejor apuesta es decirles quién y qué es usted para que puedan sacar sus propias conclusiones. Sea un poco más auténtica.

Escorpio en la cuarta casa: Su energía es a veces difícil de manejar para la gente porque usted es profundamente espiritual, misteriosa e intensa.

Afortunadamente, esto no le molesta demasiado porque, de todos modos, no le importa lo que piensen de usted. El problema es que no funciona con sus intereses y pasiones.

Escorpio en la quinta casa: Es profundamente carismático y bastante magnético para los demás. Su atención es un poco más pesada de lo que parece, así que sea menos intensa con la gente. Ser atento no tiene nada de malo, pero a veces abruma a los demás.

Escorpio en la sexta casa: Usted se preocupa por cómo trata a las personas que le rodean, por lo que podría parecer controladora. Deje ir sus emociones y admita cuando algo le molesta. La gente no tendrá que adivinar lo que piensa.

Escorpio en la séptima casa: Intimidante y misteriosa, usted hace pasar un mal rato a la gente por la forma en que se presenta. Solo disfrutará de una buena relación si se muestra más abierta. No tiene de qué preocuparse.

Escorpio en la octava casa: Su intensidad puede ser demasiado para algunas personas, pero eso no le impide ser quien quiere ser. Su intensa energía es muy intimidante, pero la gente se siente atraída de todos modos porque es usted quien les atrae.

Escorpio en la novena casa: Su intensidad no es fácil de manejar para la gente porque usted quiere controlarlo todo. Necesita relajarse y darse cuenta de que su intensidad es probablemente uno de sus mayores puntos fuertes. Sin embargo, no la imponga a los demás.

Escorpio en la décima casa: Tiene mucho potencial para sus objetivos futuros debido a su intensidad y concentración. Alcanzará más esas metas si es más flexible con la gente y no presiona tanto.

Escorpio en la undécima casa: Se apasiona intensamente por todo lo que hace, lo cual es positivo. Sin embargo, su intensidad puede ser demasiado para algunas personas, así que sea más sutil con su pasión y su intensa energía.

Escorpio en la duodécima casa: Se centra intensamente en lo que quiere de la vida. Le atraen los misterios profundos y los secretos de la vida debido a que su energía le atrae. Es bueno tener esos intereses, pero centrarse menos en ellos para tener relaciones más fuertes con la gente.

Sagitario

Sagitario en la primera casa: Usted es un poco aventurero y le gusta estar rodeado de gente nueva y explorar su entorno. Sin embargo, su naturaleza aventurera puede interponerse a la hora de hacer amigos.

Sagitario en la segunda casa: No teme que le avisen para socializar y conocer gente nueva, pero es posible que la gente no sepa lo que usted quiere de una relación. Pase más tiempo a solas con sus pensamientos antes de buscar a una persona que se ajuste a ellos.

Sagitario es la tercera casa: Usted es de espíritu libre y espontáneo con los demás. Tiene una actitud positiva ante la vida y no le importa bromear. Usted es una persona extrovertida a la que le encanta hablar.

Sagitario en la cuarta casa: Puede que le cueste hacer que su tiempo de inactividad parezca algo mucho más importante que relajarse. Sin embargo, tenga cuidado de no dejar volar su imaginación y consumir toda su energía. Asegúrese de mantenerse activo para liberar esa energía extra y no se sienta culpable por estar inactivo en algún momento del día.

Sagitario en la quinta casa: Tiene una buena capacidad para ver el panorama general y no teme explorar a las personas que no son tan queridas. Es usted una persona complaciente y quiere agradar a todos los que le rodean. No puede estancarse en hacer felices a sus amigos todo el tiempo, ya que le causará problemas para hacer nuevos amigos o desarrollar nuevos intereses.

Sagitario en la sexta casa: Tiene una buena capacidad para conectar con los demás, lo que le facilita entablar relaciones. Sin embargo, su afición por estar rodeado de gente puede llevarle a hacer cosas contraproducentes cuando encuentre a alguien especial. No se sienta presionado para establecer una conexión cuando conozca a alguien. Mejor ábrase al mundo y a las cosas nuevas en lugar de establecer conexiones que le resulten familiares.

Sagitario en la séptima casa: Puede sentir que la gente no confía en usted, pero es mejor quedarse que cambiar la forma en que le ven los demás. Este signo está más relajado antes de comprometerse a largo plazo en una relación. Puede que no se sienta cómodo en el centro de atención, pero debe dejar que la gente vea su lado positivo para que vean su potencial de éxito en la vida.

Sagitario en la octava casa: Usted es propenso a comprometerse con proyectos de los que se siente responsable, pero no deje que esto le impida alcanzar todo su potencial. Es una persona deseosa de tomar lo que está haciendo y terminarlo por sí mismo y eso está bien, pero no se encierre en su habitación. Libere su energía, así le ayudará a concentrarse y a hacer nuevos amigos.

Sagitario en la novena casa: Le encanta experimentar cosas nuevas y estar rodeado de gente a la que le gusta aventurarse tanto como a usted. Sin embargo, es propensa a arriesgarse demasiado en las cosas que le interesan. A menudo siente que ya ha experimentado lo mejor de la vida. Dé un paso atrás y vea qué más le ofrece la vida.

Sagitario en la décima casa: Usted es una romántica y siempre busca a alguien especial que le haga sentir que merece su tiempo y su atención. Sin embargo, a menudo no está segura de lo que siente por las personas de su vida. Pase más tiempo con personas que no considera su pareja definitiva hasta que determine hasta qué punto le interesan.

Sagitario en la undécima casa: Mira las cosas de forma diferente y ve cosas que otros no ven. Tiene una gran memoria, por lo que es difícil olvidar el pasado, especialmente en las relaciones.

Sagitario en la duodécima casa: Le gusta experimentar, pero esta excitación por la vida puede ser difícil de controlar. Independientemente de lo que le interese, tenga cuidado de no precipitarse. Tenga una mentalidad más abierta hacia las nuevas experiencias y las personas.

Capricornio

Capricornio es la primera casa: Tiene una mente aguda y siempre está buscando formas de ganar dinero rápido. Tampoco le importa realizar un trabajo extra para conseguir lo que desea y probablemente empiece a trabajar a una edad temprana.

Capricornio en la segunda casa: Es probable que dedique tiempo a comprender cómo funciona el mundo y cómo invertir sus fondos. Probablemente haya aprendido a ahorrar dinero desde una edad temprana.

Capricornio en la tercera casa: Le gusta estar rodeado de gente, pero es propenso a la timidez y siente demasiada presión cuando se relaciona por primera vez con los demás. Sin embargo, no piense en por qué la gente no le habla.

Capricornio en la cuarta casa: Ha sido el niño de las tareas tempranas, lo que significa que sabe administrar bien su dinero. Valora la seguridad y le gusta que las cosas estén en orden. A veces le resulta difícil decir a los demás lo que le pasa o cómo se siente.

Capricornio en la quinta casa De pequeño, probablemente le resultaba fácil concentrarse en sus estudios o aficiones durante un periodo prolongado y prefería que no le molestaran. Usted es ordenado y organizado, por lo que vivir desordenadamente es una experiencia incómoda.

Capricornio en la sexta casa: Es usted ambicioso y disciplinado, pero le resulta difícil sacar tiempo para sí mismo. Usted es serio en todo lo que hace, por lo que a veces da la impresión de ser frío y desinteresado.

Capricornio en la séptima casa: Probablemente usted era el niño con pocos amigos debido a su timidez o torpeza con los demás, o estaba más interesado en otras cosas que en las personas.

Capricornio en la octava casa: Es posible que haya crecido un poco más tímido y reservado que otros niños y que haya tenido relaciones poco acogedoras. Le gusta controlar su entorno y es probable que se establezca pronto en la vida.

Capricornio en la novena casa: De niño, usted prefería no participar en cosas divertidas o emocionantes. Es probable que incluso llegara a evitar cualquier oportunidad de diversión, para que no le quedara más remedio que participar.

Capricornio en la décima casa: Usted tuvo pocos amigos al crecer, ya que le interesaba más ser serio que la gente. Lo más probable es que usted quisiera ser adulto a una edad temprana y prefiriera las responsabilidades a los juegos.

Capricornio en la undécima casa: Su infancia podría haber sido insegura o difícil, ya que nunca se sintió completamente seguro respecto a su lugar en el mundo. Es posible que los demás se burlaran de usted o le desagradaran por el mero hecho de ser quien es.

Capricornio en la duodécima casa: Es muy responsable y fiable y no necesita mucho estímulo para ponerse en marcha en cualquier cosa. Creció sintiendo que no encajaba y probablemente se burlaron de usted por ser diferente.

Acuario

Acuario en la primera casa: La gente tiende a pensar en usted como una persona positiva y amante de la diversión que no deja que nada le desanime. Probablemente pasaba tiempo con otras personas de su edad y era toda una mariposa social de pequeño.

Acuario en la segunda casa: Usted es una persona frugal y no le importa trabajar duro para comprar lo que desea. Las primeras cosas que compró fueron probablemente prácticas o le durarían mucho tiempo.

Acuario en la tercera casa: Usted es algo así como un bicho raro, ya que incluso desde una edad temprana tuvo intereses diferentes a los de los demás. Probablemente empezó con su primer amor, fuera cual fuera. Esto provocó su torpeza social entre los demás, ya que usted se presenta de forma diferente.

Acuario en la cuarta casa: No hay nada mejor que satisfacer su curiosidad aprendiendo más sobre la gente y sus peculiaridades. Esto le lleva a conocer a personas de ideas afines y a formar lazos fuertes.

Acuario en la quinta casa: Usted es alguien que no teme defender aquello en lo que cree y darlo a conocer en toda la ciudad. Puede dar lugar a acalorados debates y también a mucha admiración por parte de la gente que aprecia su determinación.

Acuario en la sexta casa: La gente puede considerarle un fanático de la salud debido a su obsesión por mantenerse sano. Es probable que vaya más allá de lo necesario para mantenerse sano o mantener sanos a los que le rodean.

Acuario en la séptima casa: Es usted una persona única en lo que se refiere al amor. A menudo se enamora de personas muy diferentes a usted e incluso con puntos de vista opuestos. Esto provoca disputas entre amigos y otros seres queridos, pero no duran mucho debido a su fuerte vínculo.

Acuario en la octava casa: Es usted una persona muy generosa, siempre dispuesta a ayudar a los necesitados, aunque no los conozca personalmente. El único problema de esto es que cuando usted necesita ayuda, la gente no está dispuesta a devolverle el favor.

Acuario en la novena casa: Usted es uno de los individuos más interesantes y nunca deja de sorprender a quienes le rodean. Su determinación para resolver problemas y descubrir lo que hace que las cosas funcionen da lugar a interesantes conversaciones con los demás. Su naturaleza impulsiva llevará a los demás por el mal camino si siguen su ejemplo.

Acuario en la décima casa: Usted es una persona con un fuerte sentido de la espiritualidad y la moralidad. Aunque puede ser excéntrico, no elige actuar así a propósito. Más bien, se debe a que no puede evitar pensar las cosas hasta su conclusión.

Acuario en la undécima casa: Tiene una naturaleza intuitiva muy desarrollada entre las personas y usted mismo. Le cuesta creer si las cosas sobre los demás son ciertas o no, pero pronto lo descubrirá a través de lo que la gente dice de usted en público.

Acuario en la duodécima casa: Usted es una persona muy realista a la que le cuesta poco vivir y enfrentarse a las realidades de la vida. Su intuición es muy fuerte y puede distinguir fácilmente si le están mintiendo o si una persona está intentando ayudarle de verdad. Normalmente puede diferenciar entre lo que es importante y lo que no lo es.

Piscis

Piscis es la primera casa: Tiene una personalidad muy fuerte, lo que a veces dificulta que la gente se relacione con usted porque es muy testarudo. Le cuesta mucho equivocarse y a menudo le resulta imposible admitir que lo está.

Piscis en la segunda casa: Debido a su naturaleza soñadora de niño, muchos de sus primeros intereses y aficiones giraban en torno a la fantasía y no a la realidad. Esto no significa que no aprendiera a hacer cosas en la vida real, sino que le cuesta comprender algo hasta que lo ve.

Piscis en la tercera casa: Usted es muy creativo e imaginativo. Cuando se le ocurre una idea, tiene que actuar en consecuencia. También tiene una tolerancia al dolor muy alta y se le da muy bien encontrar formas de hacer que las cosas funcionen o de ocuparse de las cosas que van mal.

Piscis en la cuarta casa: Usted siente un gran amor por el entretenimiento, por lo que le cuesta mucho asumir las responsabilidades y los problemas de la vida real porque su mente necesita algo más interesante que la realidad para ocuparse.

Piscis en la quinta casa: Tiene problemas en el romance y las relaciones porque es demasiado idealista y tiene expectativas poco realistas.

Piscis en la sexta casa: Usted lucha con la autoridad debido a su imaginación más grande que la vida, que le coloca en posiciones de figuras de autoridad, y luego se rebela contra ellas.

Piscis en la séptima casa: Tiene dificultades con el matrimonio y las asociaciones, ya sean empresariales o personales. Usted lucha por confiar en la gente, y a la gente le cuesta confiar en usted, lo que provoca una falta de comunicación entre los socios.

Piscis en la octava casa: Usted es muy mercenario con su dinero y sus posesiones. Sin embargo, esta cualidad no es para beneficio propio, sino para el de los demás.

Piscis en la novena casa: Le cuesta mucho creer en la religión. No puede comprender algo que no puede probarse o que no es totalmente concreto.

Piscis en la décima casa: Establecerse o incluso comprometerse con su trabajo es una lucha porque es demasiado difícil concentrarse en una cosa durante periodos prolongados. Su mente no para de divagar, lo que le inquieta y le hace desear estar en otro lugar.

Piscis en la undécima casa: Le cuesta mucho hacer amigos debido a su extrema sensibilidad. Esta sensibilidad le dificulta entablar relaciones porque se toma demasiado a pecho las cosas que los demás dicen de usted.

Piscis en la duodécima casa: Descubrir algo sobre sí mismo es extremadamente difícil porque requiere autoconciencia, algo poco frecuente en Piscis. Sin embargo, cuando aprende algo sobre sí mismo, puede ser extremadamente profundo y afectar a todos los aspectos de su vida.

Capítulo 6: Colocaciones planetarias

Las colocaciones planetarias son precisamente lo que parecen. Se refiere a la posición de los planetas durante su nacimiento o en cualquier momento, como un acontecimiento importante de la historia o de su vida. Estas colocaciones son la razón por la que podemos obtener información sobre nuestras vidas a través de la astrología, lo que determina nuestro carácter y por qué dos personas con los mismos signos solares pueden ser muy diferentes. Entremos sin más dilación en las distintas posiciones de los planetas en cada una de las doce casas.

Los planetas en cada casa

Sol

Sol en la primera casa: Usted es una persona muy activa, una persona que empieza cosas nuevas y que se enorgullece de lo que ha conseguido. Tiene una personalidad que brilla y, cuando es necesario, puede mostrarse firme con gracia y dignidad. Es usted un líder natural y con bastante éxito.

Sol en la segunda casa: Los focos brillan especialmente para usted. Es usted seguro de sí mismo, fuerte y capaz de grandes cosas. Tiene el impulso de sobresalir, y esto se traduce en su carrera.

Sol en la tercera casa: Esta es la casa de su apariencia, posición social y buen juicio. Es usted observador y tiene facilidad para tomar decisiones rápidas basándose en lo que observa a primera hora de la mañana.

Sol en la cuarta casa: Su hogar es su refugio, donde se despoja de los problemas sumergiéndose en la vida familiar. Su hogar representará todo lo que le hace feliz o le hace sentirse seguro y en paz. El romanticismo ocupa un lugar destacado en su lista de prioridades.

Sol en la quinta casa: Es sociable y divertida. Es fácil para usted hacer amigos debido a su conducta accesible, y le resulta igualmente fácil llevarse bien con la gente en el trabajo. Se quiere a sí mismo, pero también le encanta ayudar a los demás.

Sol en la sexta casa: Como su casa es su refugio, aquí es también donde va cuando quiere retirarse de todo el ajetreo de la vida en la ciudad. Es un lugar de soledad que le da tiempo para pensar las cosas detenida y racionalmente.

Sol en la séptima casa: Las relaciones exitosas esperan su atención. Algo digno de mención aquí es que la relación que tenga con su cónyuge, pareja o compañero de vida será muy importante. Por lo tanto, preste más atención a este aspecto de la vida, especialmente a una relación comprometida a largo plazo.

Sol en la octava casa: Usted saca fuerzas de su familia y de sus amigos. Su hogar es también un lugar de confort y serenidad, y así es como a usted le gusta. Está muy unido al dinero, ya que es fiscalmente responsable.

Sol en la novena casa: Es hora de cambiar de aires. Usted busca liberarse de todos sus problemas, especialmente de los rigores de la vida en la ciudad. Aquí es donde debería tomarse un tiempo libre para viajar por diversión y relajación, o a veces solo por disfrutar.

Sol en la décima casa: Tiene mucho que ofrecer a los demás a través de sus conocimientos y experiencia. También puede conectar con los demás a través de sus palabras. Pero en medio de todo esto, está perfectamente bien que esté sola de vez en cuando.

Sol en la undécima casa: Le resulta fácil relacionarse con los demás, y acudirán a usted cuando necesiten un hombro sobre el que llorar. Ayudar a la gente le da un propósito a su vida, y alcanzar metas le proporciona satisfacción. En este momento está usted muy orientado hacia la "gente".

Sol en la duodécima casa: Es tiempo de autorreflexión e introspección. Tómese un tiempo para usted, ya sea en casa o en otro lugar, para poder explorar a fondo las profundidades de su mente y de su alma.

Luna

Luna en la primera casa: Es usted muy apasionado y emocional. Es usted la primera persona en saber cuándo se siente mal, y es dueño de sus sentimientos sin importarle lo que piensen los demás. Sus emociones tienen un gran impacto en la forma en que cuida de sí mismo.

Luna en la segunda casa: Su estado emocional afecta a la cantidad de dinero que gasta, por lo que saber calibrar o equilibrar sus estados de ánimo es importante. Podría aprender a ser más frugal consigo mismo.

Luna en la tercera casa: No hay nada como la comida reconfortante para darle una sensación de seguridad. Usted es muy leal a sus amigos y su amistad es importante. Entiende claramente lo que hace feliz a alguien y lo que no, por lo que le resulta fácil juzgar a otras personas por sus niveles de felicidad.

Luna en la cuarta casa: Si aun no ha empezado a hacerlo, considere la posibilidad de tener una mascota. Existe una fuerte conexión emocional entre usted y sus mascotas, sobre todo porque son leales a su amo. Esta es también la casa de la familia y el hogar, así que cuide bien de ambos. Le apasionan el amor y el romance, y no se lo oculta a nadie. Sus ambiciones le impulsan.

Luna en la quinta casa: Tiene muchos amigos y conocidos, y puede relacionarse con cualquiera. Aquellos que se preocupan por usted ocuparán un lugar muy especial en su corazón. Tiene un don para hacer que los demás se sientan cómodos.

Luna en la sexta casa: Es empático y siente los sentimientos de los demás. También es sensible a las críticas. Pero aunque tiene un don para ayudar a los demás, alguien tiene que estar ahí para usted tanto como para los demás.

Luna en la séptima casa: Es muy observador. Cuando juzga a los demás, no se limita a sacar conclusiones precipitadas. Usted considera todas las pruebas antes de llegar a una conclusión. Esta es la casa de la curación, así que si hay algo que le aqueja, haga lo que sea necesario para sentirse mejor. Se preocupa mucho por su familia y amigos, pero también es muy autosuficiente. Puede valerse por sí mismo sin la ayuda de nadie en el amor y el romance.

Luna en la octava casa: Es usted emocional, apasionado y posesivo en las relaciones románticas. Puede que le resulte difícil encontrar a la persona adecuada que le comprenda, pero al menos sabe que puede equilibrar su estado emocional estando solo. Se siente seguro y protegido en su hogar.

Luna en la novena casa: Es muy intuitivo y tiene una gran facilidad para desmontar las cosas para ver de qué están hechas. También es usted muy romántico y siempre es un buen momento para el romance y el amor. Las personas que viven con usted se sentirán seguras y protegidas, especialmente en el romance.

Luna en la décima casa: Es una persona muy sociable, por lo que sus conexiones con los demás son muy fuertes. Es posible que conozca a gente desconocida en el trabajo o a través de sus actividades comunitarias, así que manténgase activamente abierta a nuevas personas.

Luna en la undécima casa: Es muy popular y puede conectar con todo el mundo de una sola vez. Tiene muchos amigos, incluidos conocidos e incluso desconocidos, que son amables con usted. Si se siente solo o deprimido, muchos le reconfortarán.

Luna en la duodécima casa: Es muy introspectivo y reflexivo sobre su vida. Empieza a hacerse preguntas sobre lo que hace que su vida tenga sentido y hacia dónde se dirige. Es hora de que abandone ese lugar por otro mejor: usted mismo.

Mercurio

Mercurio en la primera casa: Piensa y habla muy rápido, así que, naturalmente, es inteligente. Está preparada para enfrentarse al mundo en cualquier momento. Le gusta ser el centro de atención y es fácil destacar entre la multitud.

Mercurio en la segunda casa: Su mente está siempre trabajando al 100%, por lo que no puede sentarse y relajarse. Tiene muchas ideas que a menudo ocurren simultáneamente, pero no hay nada peor que no tener nada que hacer.

Mercurio en la tercera casa: De un modo u otro, sus palabras siempre salen al mundo a través de llamadas telefónicas o mensajes de texto con amigos, compañeros de trabajo o familiares.

Mercurio en la cuarta casa: Su mente está siempre trabajando y tiene un don para hacer conexiones que tengan sentido. También es muy paciente, observador y metódico a la hora de abordar los problemas.

Mercurio en la quinta casa: Sus habilidades comunicativas son fuertes, por lo que no es de extrañar que se le dé bien todo el mundo, incluso los niños y los animales. Es muy divertido y tiene facilidad para hacer reír a la gente.

Mercurio en la sexta casa: Es muy imaginativo y creativo, siempre está pensando en nuevas formas de ganarse la vida o de obtener ingresos. También se le da bien ganar dinero, aunque con sus propios métodos.

Mercurio en la séptima casa: Le interesa mucho aprender más, por lo que se apresura a adquirir nuevas habilidades cuando aparecen. Es usted un excelente comunicador y será un gran abogado o profesor.

Mercurio en la octava casa: Sabe escuchar y sabe cómo sonsacar información a alguien sin hacerle sentir incómodo. También tiene un don para aprender cómo y por qué la gente actúa de la forma en que lo hace y utiliza el conocimiento sabiamente.

Mercurio en la novena casa: Siente curiosidad por la vida, por lo que siempre tiene cosas nuevas que aprender. Su intelecto es agudo y su mente nunca trabaja a menos del 100%. Sus intereses son variados y siempre se interesa por lo que ocurre.

Mercurio en la décima casa: Habla mucho, pero odia que los demás den su opinión sin conocer la historia completa. Hablar es su forma de obtener más información. Hablar con alguien que le haga preguntas que susciten sus pensamientos y sentimientos es lo mejor para usted.

Mercurio en la undécima casa: Tiene facilidad para establecer conexiones con la gente y con las personas que le caen bien. Se le da bien presentar su punto de vista para que le entiendan. Tiene facilidad para comunicarse con los niños, pero tenga cuidado de no romper su confianza ni tratarlos sin motivo.

Mercurio en la duodécima casa: Tiene mucha curiosidad por la vida, y esta curiosidad le ayuda a conectar con la gente. Pero en las relaciones románticas, demasiada curiosidad conduce al engaño o a la traición. Tenga cuidado con los motivos de los demás a partir de ahora. Es mejor confiar en información más concreta que en sus instintos a la hora de elegir pareja en el amor y el romance.

Venus

Venus en la primera casa: Se lo pasa muy bien con los amigos y también se le da muy bien hablar con amigos y familiares. Se encontrará en problemas si se desenamora de la gente. Le gusta mantener amistades, pero no olvide anteponer sus propias necesidades.

Venus en la segunda casa: Le gusta estar rodeado de amigos, así que este es un momento excelente para socializar y hacer nuevas conexiones. Se trata de un planeta muy amistoso, por lo que será popular allá donde vaya. Siempre que sepa relajarse, le resultará fácil encontrar el equilibrio adecuado entre trabajo y diversión en sus actividades diarias.

Venus en la tercera casa: Sus relaciones a menudo parecen irreales en comparación con su vida laboral. Se involucra con la gente más emocionalmente de lo que debería. También es usted muy honesto y directo, por lo que no puede evitar decir lo que piensa y ser completamente sincero.

Venus en la cuarta casa: Su deseo de armonía hace que sus amistades sean perfectas para la paz interior y la estabilidad. Usted nunca quiere que nada cambie. Sin embargo, el resto del mundo avanza rápidamente, así que manténgase al día.

Venus en la quinta casa: Sus amistades son muy importantes y usted es muy cariñoso y solidario con los demás. Sin embargo, usted sabe cuidar de sí mismo, incluidas sus necesidades. Ganaría mucho iniciando una relación con alguien que tenga mucho en común.

Venus en la sexta casa: Usted piensa en sus problemas y en cómo resolverlos de diversas maneras, por lo que, naturalmente, se le da bien establecer conexiones entre pensamientos e ideas. Mantenga la mente abierta a lo que aprenda sobre sí mismo y sobre otras personas.

Venus en la séptima casa: Es optimista respecto a su futuro, por lo que tiene muchas posibilidades de iniciar una nueva relación positiva durante este periodo. También tiene facilidad para decir a los demás lo que necesitan oír para mantenerse al día y tratarles bien.

Venus en la octava casa: Existe una conexión emocional con la gente, lo que le facilita conectar y comprender las emociones de las personas. Pero, si se excede, podría llegar al engaño o a la traición con su pareja en el amor o en los negocios.

Venus en la novena casa: Es posible que desarrolle un fuerte deseo de viajar o de aprender más sobre otras culturas. Es usted excelente haciendo amigos y puede hablar con cualquiera, incluso con desconocidos. Su curiosidad por otras personas y situaciones le lleva a comprender mejor cómo funcionan las cosas en el mundo.

Venus en la décima casa: Su vida social es muy importante, por lo que desea pasar tiempo con amigos y familiares. Salir a divertirse es más importante que quedarse solo en casa. Necesita el apoyo amistoso de los demás, pero asegúrese de que la gente que le rodea está de su parte y no solo busca ventajas materiales.

Venus en la undécima casa: Conocerá a alguien que comparte sus intereses y será un buen amigo. Disfrutará hablando con la gente y a menudo tendrá más ganas de estar con sus amigos que de cualquier otra cosa. Hablar con alguien que le haga preguntas que inciten sus pensamientos y sentimientos es lo mejor para usted.

Venus en la duodécima casa: Tiene un fuerte vínculo afectivo con la familia o los amigos íntimos, por lo que no resulta práctico asumir nuevas responsabilidades. Viajar también le ayuda a conocerse mejor, pero asegúrese de no pasar por alto responsabilidades importantes en casa. No deje que las necesidades de los demás afecten demasiado a las suyas durante este periodo.

Marte

Marte en la primera casa: Usted tiene una naturaleza competitiva. Quiere ganar todas las discusiones y no le gusta perder. También es usted bastante decidida, y tiene buen ojo para los detalles en su carrera y otras actividades importantes. Tenga cuidado con los accidentes, lesiones o enfermedades mientras viaja.

Marte en la segunda casa: No hay duda de que no le falta energía, por lo que le encanta realizar actividades físicas con amigos y familiares. También tiene muy claro lo que le conviene con el dinero y las posesiones. Sin embargo, si no se cuida, podría acarrearle problemas.

Marte en la tercera casa: Es importante divertirse con amigos, familiares e incluso desconocidos. Usted es muy agresivo, pero eso no es necesariamente algo malo. Luche sus propias batallas siempre que tenga una discusión o un conflicto y no deje que los demás se aprovechen de usted.

Marte en la cuarta casa: La energía de Marte le ayuda a decidir con mayor rapidez. Puede conseguir más cosas de lo normal si trabaja lo suficiente. Sentirse bien con uno mismo es importante para ayudar a los demás a sentirse bien consigo mismos.

Marte en la quinta casa: Su naturaleza competitiva podría provocar discusiones, especialmente con personas cercanas. Se siente competitivo con los demás y tiene una fuerte voluntad de triunfar. También le atrae la gente a la que le va bien económicamente.

Marte en la sexta casa: Le gusta estar rodeado de amigos o de su pareja sentimental. Cuide con firmeza su salud y sus finanzas porque es importante estar sano y ser rico. Debe tener cuidado con el gasto de dinero en artículos de lujo. Es imprescindible que viva dentro de sus posibilidades.

Marte en la séptima casa: Tiene una vida social activa, que puede ser muy positiva cuando está bien dirigida y organizada. Es excelente haciendo amigos, organizando en fiestas y actividades para que la gente se conozca mejor.

Marte en la octava casa Usted anhela fuertemente las ganancias materiales, por lo que a menudo asume más responsabilidades de las que puede manejar. También gasta demasiado dinero o incluso se involucra en fraudes financieros y malversaciones. Necesita controlar su ira y agresividad o se arriesga a ir a la cárcel.

Marte en la novena casa: Su deseo de aprender más sobre el mundo viajando es muy fuerte. Disfruta aprendiendo sobre todo, desde los viajes a la comida, pasando por las actividades de la gente en diferentes regiones. Se le da bien hacer amigos, aunque los demás no se den cuenta al principio.

Marte en la décima casa: Tiene un fuerte deseo de pasar tiempo con la gente y no solo por motivos sociales. Necesita invertir su tiempo en los amigos y la familia. Si no tiene trabajo, siente una fuerte necesidad de ganar dinero. Hacer algo que le mantenga activamente implicado en el mundo es lo mejor para usted.

Marte en la undécima casa: Su deseo de acción es evidente, y le gusta divertirse y hablar de cosas interesantes con los amigos. Puede disfrutar de los debates hablados o escritos cuando alguien expone un argumento lógico sobre un asunto o tema que interesa a ambas partes.

Marte en la duodécima casa: Usted es reservado o incluso engañoso con sus planes e ideas, así que no espere que los demás entiendan adónde quiere ir o qué quiere hacer con su vida a menos que sea abierto con ellos.

Júpiter

Júpiter en la primera casa: Es una persona amistosa y optimista que disfruta pasando tiempo con sus amigos. Le gusta ser un modelo para los más jóvenes y un mentor o maestro. Pasar tiempo al aire libre tanto como sea posible es lo mejor para usted.

Júpiter en la segunda casa: Es generoso con su patrimonio y se asegura de que los miembros de su familia estén bien atendidos económicamente. Las circunstancias que le rodean le brindan oportunidades financieras, pero es mejor que viva dentro de sus posibilidades.

Júpiter en la tercera casa: Tiene una personalidad muy extrovertida y disfruta hablando con la gente de cualquier cosa. Es usted bastante sociable y se lleva bien con todo el mundo fácilmente. También es inteligente y podría ser profesor o académico.

Júpiter en la cuarta casa: Tiene un fuerte vínculo familiar y disfruta pasando tiempo con sus familiares y personas cercanas. Las actividades pasadas por alto, como los proyectos de mejora del hogar, podrían darle un impulso de energía que dure muchos días.

Júpiter en la quinta casa: Nada le apetece más que estar con su pareja, cónyuge o hijos, y es importante que pasen más tiempo juntos. Su interés por los deportes es fuerte y le atraen las actividades al aire libre como el golf o el tenis. Lo mejor es pasar tiempo disfrutando con otras personas.

Júpiter en la sexta casa: Su sentido del humor es fuerte y disfruta riendo y bromeando con la gente. Podría ser profesor o trabajar para una organización benéfica. Debe prestar cierta atención a los planes de viaje o traslado en un futuro próximo porque podría afectar a su trabajo.

Júpiter en la séptima casa: Le encanta estar con su pareja o cónyuge y es importante que pasen más tiempo juntos. También es usted muy amistoso y disfruta ayudando a los demás a resolver problemas que les resultan difíciles de resolver de forma independiente.

Júpiter en la octava casa: Tiene una visión optimista y positiva de la vida y le gusta estar rodeado de gente activa. Siente atracción por las personas mayores, sobre todo si son activas. Es posible que tenga problemas de salud, pero puede llevar un estilo de vida muy saludable con una buena alimentación, ejercicio y una actitud positiva.

Júpiter en la novena casa: Su deseo de aprender más sobre el mundo es fuerte, al igual que su interés por la filosofía o la astronomía. Disfruta hablando con personas que se interesan por temas trascendentales o incluso por temas pequeños como los cotilleos. Dedique tiempo a viajar y posiblemente a asistir a conferencias o clases en una universidad.

Júpiter en la décima casa: Le gusta ser activo y puede llevarse bien con casi todo el mundo. Es posible que quiera ser una figura pública o un artista. Se le dan muy bien las artes y los campos académicos considerados artes liberales, como la escritura y la filosofía.

Júpiter en la undécima casa: Su deseo de ayudar a los demás es muy fuerte. Le gusta hablar con personas que tienen ideas individualistas y están abiertas a cosas nuevas. Podría viajar o trabajar con personas con intereses similares.

Júpiter en la duodécima casa: Los demás reconocen su deseo de ayudarles cuando necesitan consejo para situaciones de la vida. Le atraen los estudios científicos y las personas interesadas en lo oculto o las prácticas psíquicas.

Saturno

Saturno en la primera casa: Su deseo de ser una autoridad es fuerte y disfruta siendo un modelo para los demás. Le atraen la filosofía y un campo académico con normas muy estrictas.

Saturno en la segunda casa: Es un poco perfeccionista. Le preocupa gastar demasiado dinero. Sin embargo, maneja el dinero con responsabilidad y es probable que tenga muchos ahorros para sus años de jubilación.

Saturno en la tercera casa: Su capacidad para aprender es excelente y es usted un ávido lector de libros o revistas que contengan datos interesantes o le enseñen algo nuevo. Le gusta enseñar a los demás el mundo que les rodea.

Saturno en la cuarta casa: Le gusta estar con gente y es bastante sociable. Le gusta estar rodeado de otros en grupos y hablar de sus intereses. Su necesidad de participar en actividades itinerantes es fuerte y tiene un espíritu aventurero.

Saturno en la quinta casa: Usted maneja el dinero con responsabilidad, pero no es especialmente generoso a la hora de compartir su riqueza o ayudar económicamente a los miembros de su familia. Hay una mayor probabilidad de enfermedades relacionadas con temas de salud como las articulaciones, los huesos o la piel.

Saturno en la sexta casa: Le encanta estar al servicio de los demás y elige trabajar en un sector orientado al servicio, como la enseñanza o la ayuda a quienes tienen dificultades para desplazarse. Es posible que tenga problemas de salud, pero puede controlar sus síntomas de forma eficaz con una nutrición adecuada y ejercicio.

Saturno en la séptima casa: Siente atracción por las personas mayores a las que admira o con las que comparte intereses similares y, posiblemente, por alguien ya casado. Sin embargo, lo mejor es pasar tiempo con alguien a quien quiera y que le corresponda.

Saturno en la octava casa: Maneja el dinero con responsabilidad, pero hay una mayor probabilidad de que se vea involucrada en asuntos legales, como contratos y acuerdos jurídicos. Hay una atracción por las actividades arriesgadas o tabú, como el juego o incluso las actividades ilegales.

Saturno en la novena casa: Su deseo de aprender más sobre el mundo es fuerte, y disfruta aprendiendo de libros o conferencias de personas con grandes conocimientos. Podría trabajar para alguien conocido y respetado por sus habilidades. Mantenga la mente abierta sobre sus creencias y no se cierre tanto a las ideas de la gente.

Saturno en la décima casa: Le atraen las figuras de autoridad y le encanta ser un mentor o alguien a quien se admira. Usted da los mejores ejemplos a quienes siguen sus pasos.

Saturno en la undécima casa: Su deseo de ser útil es fuerte y disfruta siendo mentor de otros, especialmente de los más jóvenes. Podría dar clases en un colegio o universidad o enseñar a otras personas nuevas lecciones de vida.

Saturno en la duodécima casa: Su necesidad de involucrarse en actividades que impliquen viajar y recibir visitas es fuerte. Pero también siente atracción por los temas extraños y las personas fascinadas con lo oculto o las prácticas psíquicas.

Urano

Urano en la primera casa: Le encanta ser diferente y es bastante excéntrico. Siente atracción por los temas inusuales o controvertidos que la gente aprecia, y usted ha investigado mucho sobre esos temas. Es creativo, innovador y amante de la libertad.

Urano en la segunda casa: Le disgusta la rutina y tiene un fuerte deseo de explorar el mundo. También siente atracción por los temas nuevos, ya que lo que le interesa es nuevo y diferente cada día. También es usted innovador y librepensador.

Urano en la tercera casa: Usted tiene un don para descubrir secretos y disfrutaría viajando por el espacio. Si tiene suerte, trabajará para la NASA o una organización similar. Le gusta ser diferente, lo que atrae a personas extravagantes o excéntricas. Le atraen las personas mayores que conocen temas que le interesan.

Urano en la cuarta casa: Es muy creativo y poco convencional y tiene un fuerte deseo de buscar fama o dinero a partir de sus ideas que otros podrían apreciar. Podría dedicarse a las artes. Sin embargo, lo mejor es pasar tiempo con alguien a quien ame y que le corresponda.

Urano en la quinta casa: No le gustan las rutinas regulares ni repetir las mismas actividades cada día. Tiene un deseo inusual de viajar a otros países y conocer sus costumbres. Hay una mayor probabilidad de que tenga problemas de salud relacionados con los huesos, las articulaciones o la piel.

Urano en la sexta casa: Usted es innovador y poco convencional, pero su deseo de ser diferente también le atrae hacia temas extraños que otros podrían encontrar graciosos. Sea abierto de mente en lo que se refiere a religiones, filosofías y política.

Urano en la séptima casa: Maneja el dinero con responsabilidad, pero hay una mayor probabilidad de que se vea involucrado en asuntos legales relacionados con contratos o acuerdos. Podría dedicarse a las artes y ser intérprete, actor o incluso director.

Urano en la octava casa: Su deseo de ser diferente es fuerte, pero también le atraen los temas inusuales o controvertidos que la gente aprecia. Usted es creativo e innovador.

Urano en la novena casa: Le encanta aprender cosas nuevas y disfruta aprendiendo nuevas lecciones de la vida. Podría trabajar para alguien, como profesor o mentor. Mantenga la mente abierta a las creencias de los demás y no se cierre tanto a sus ideas.

Urano en la décima casa: Tiene un deseo inusual de ser diferente y poco convencional. Hay una mayor probabilidad de que se vea involucrado en asuntos legales como contratos, convenios o acuerdos. Podría estar involucrado con las artes, como la actuación, la dirección o incluso la escritura.

Urano en la undécima casa: Ansía la autenticidad y la originalidad. Si va en contra de las expectativas de la sociedad, podría tener problemas con la ley o quedar fuera de lugar entre sus iguales. Manténgase fiel a sí mismo y no sacrifique quién es realmente por las expectativas de los demás.

Urano en la duodécima casa: Usted es diferente y poco convencional, y también siente atracción por la gente extraña y las prácticas ocultas. Podría dedicarse a las artes o trabajar para alguien con conexiones con gente de otras culturas.

Neptuno

Neptuno en la primera casa: Su necesidad de ser diferente es fuerte, pero también desea rebelarse o explorar cosas nuevas. Podría involucrarse en diversos misticismos y religiones alternativas contrarias a lo que cree su familia u otros miembros de la sociedad. Se siente atraído por temas inusuales como las prácticas ocultas, la astrología y la adivinación.

Neptuno en la segunda casa: Tiene sus propias ideas sobre el manejo del dinero. Es creativo y tiene muchas ideas originales, pero se siente atraído por temas inusuales como las prácticas ocultas, la astrología y la adivinación.

Neptuno en la tercera casa: Es una persona a la que le encanta explorar nuevos temas, especialmente los controvertidos o incluso ilegales. Es posible que le atraigan los temas relacionados con las artes o el teatro.

Neptuno en la cuarta casa: Su deseo de ser diferente y rebelarse contra las expectativas de su familia es fuerte. Sin embargo, también le atraen las cosas paranormales como los horóscopos, la adivinación o cualquier otro tipo de adivinación. Siente atracción por las personas mayores con conocimientos sobre los temas que le interesan.

Neptuno en la quinta casa: Su deseo de ser diferente y explorar nuevos temas podría convertirse en un problema porque podría recibir reacciones negativas de los demás. Su curiosidad por muchos temas también atrae a personas excéntricas que tienen prácticas poco habituales.

Neptuno en la sexta casa: Le atrae descubrir secretos y misterios, pero también se siente atraído por temas inusuales como las prácticas ocultas, la astrología y la adivinación. Podría dedicarse a las artes o incluso a los vídeos, las películas o los dramas, incursionando en géneros relacionados con lo etéreo.

Neptuno en la séptima casa: Disfruta de nuevos lugares y explora cosas diferentes, impulsado por su deseo de involucrarse con prácticas ocultas de todo el mapa. También podría dedicarse a las artes o incluso a las letras, las revistas o los libros.

Neptuno en la octava casa: Su interés por las cosas que se salen de lo convencional podría hacerle vulnerable a las estafas o a la energía negativa. Podría verse involucrado en negocios relacionados con lo oculto, como la astrología o la adivinación.

Neptuno en la novena casa: Podría llegar a confundirse sobre quién es realmente a medida que explora diferentes temas, porque le llegan mucha información e influencias en su dirección. Mantenga la mente abierta sobre la vida y los sentimientos, creencias y emociones de otras personas.

Neptuno en la décima casa: Su mente está abierta a nuevas ideas y tiene muchas ideas originales. Podría dedicarse a las artes o incluso a temas más inusuales, como la astrología o la adivinación.

Neptuno en la undécima casa: Siente atracción por las personas poco convencionales. También existe la posibilidad de que quiera vivir en un mundo de ensueño en el que la realidad pase a un segundo plano frente a sus fantasías. Mantenga la mente abierta hacia las personas que son diferentes y no las juzgue por sus creencias distintas.

Neptuno en la duodécima casa: Es más probable que se involucre en prácticas ocultas, creencias místicas y otras prácticas supersticiosas. También es posible que de repente se sienta atraído por lo sobrenatural o la astrología.

Plutón

Plutón en la primera casa: Es diferente a los demás, pero también hay una mayor probabilidad de que esté involucrado con drogas o sustancias ilegales. Usted podría ser traficante de drogas o incluso trabajar para alguien con conexiones con gente que trafica con drogas. Mantenga una mente abierta sobre la vida y las opiniones de la gente en lugar de cerrarse a sus ideas.

Plutón en la segunda casa: Tiene un fuerte deseo de ser diferente y de rebelarse contra los que le obligan a hacer cosas que no quiere. Mantenga la mente abierta ante la vida y ante los sentimientos, creencias y emociones de los demás.

Plutón en la tercera casa: Existe una alta probabilidad de que se involucre con las drogas, las sustancias ilegales o incluso las prácticas ocultas, en particular la astrología o la quiromancia. También podría involucrarse con las artes, como la música, la pintura o la escritura.

Plutón en la cuarta casa: Tiene un fuerte deseo de ser diferente y se rebela contra el hecho de que le obliguen a hacer cosas que no desea. También podría verse involucrado en actividades ilegales como las drogas o el juego, o incluso trabajar con aspectos ilegales, como traficante de armas.

Plutón en la quinta casa: Existe una alta probabilidad de que se involucre en drogas, prácticas ocultas u otras actividades ilegales. La dificultad estriba en que tendrá que aprender por las malas que estas actividades le perjudicarán más de lo que le ayudan.

Plutón en la sexta casa: Podría ser el candidato perfecto para cualquier actividad ilegal o tráfico de drogas, así que tenga cuidado. Mantenga una mente abierta sobre la vida y los sentimientos, creencias y emociones de la gente.

Plutón en la séptima casa: Le interesan las prácticas ocultas y las cosas que van en contra de las normas conservadoras. Por tanto, mantenga una mente abierta sobre la vida y los sentimientos, creencias y emociones de los demás.

Plutón en la octava casa: Hay un fuerte deseo de ser diferente y de rebelarse contra el hecho de que le obliguen a hacer cosas que no desea. También le atrae el lado oscuro del universo, como las drogas ilegales y otras influencias negativas.

Plutón en la novena casa: Le interesan las prácticas ocultas y las cosas que van en contra de las normas conservadoras. Mantenga una mente abierta sobre la vida y los sentimientos, creencias y emociones de los demás.

Plutón en la décima casa: Le encanta averiguar información sobre la vida de los demás y saber por qué hacen las cosas que hacen. Su mente está abierta a nuevas ideas y tiene muchas ideas originales. También podría involucrarse en grupos políticos u organizaciones con conciencia social o código moral.

Plutón en la undécima casa: Siente atracción por las personas poco convencionales. También existe la posibilidad de que quiera vivir en un mundo de ensueño en el que la realidad pase a un segundo plano frente a sus fantasías.

Plutón en la duodécima casa: Más que nadie, le atrae lo sobrenatural, en particular la astrología. La dificultad es que la fantasía se convierte en realidad y podría apoderarse negativamente de su vida, así que tenga cuidado.

Capítulo 7: La influencia de las fases lunares

Las fases lunares[24]

Aunque el sol ocupe el centro del escenario, en astrología no podemos ignorar la influencia de la luna en nuestra personalidad. La luna representa la energía que prevalece a lo largo de nuestro día, y le hace saber lo que necesita hacer para sentirse lo suficientemente bien como para cumplir su misión en la vida. Le ayuda con sus objetivos, pero tenga en cuenta que siente que está encarnando más su verdadero yo porque se centra en su vida emocional, que es esencial para su bienestar general.

La luna nueva

La luna nueva es la más importante de todas las fases. No hay iluminación y durante esta fase, todos sus sueños se hacen realidad si tiene suerte. Una antigua superstición española afirma que captar el reflejo de la luna nueva en un espejo en total oscuridad traerá suerte. Aunque la persona no sepa lo que hace o no tenga ni idea de cómo utilizarlo, debido a su asociación con la suerte y los cambios en su vida, esa suerte se producirá.

¿Qué representa la luna nueva? La luna nueva representa el comienzo de un viaje, un nuevo comienzo y un momento en el que puede conseguir cualquier cosa. Es un momento excelente para iniciar nuevos comienzos y hacer grandes planes para el futuro. Podría ser una parte importante de su planificación a largo plazo, sobre todo si es atrevido y arriesgado, como emprender un negocio o viajar a un país extranjero por su cuenta. Al hacerlo, se estará permitiendo dar un giro a su vida.

¿Qué significa la luna nueva para sus relaciones? Debería tener una nueva relación durante la fase de luna nueva, ya que esto le da la oportunidad de empezar de nuevo con su pareja. Sea muy abierto y cuéntele a su pareja todas sus emociones, ya que esto generará confianza entre ustedes. También vale la pena recordar que la luna nueva significa nuevos comienzos y cambios en la vida. Por lo tanto, si lleva un tiempo con su pareja y las cosas se están desgastando, lo mejor es que empiece a buscar una nueva relación o a esforzarse para que parezca nueva.

¿Qué significa la luna nueva para su relación consigo mismo? La luna nueva ofrece un buen momento para trabajar en usted mismo y hacer cambios. Piense también en lo que quiere de su vida. Puede que la luna nueva le ofrezca la oportunidad de empezar de nuevo.

Consejos de amor propio para la luna nueva

1. Hable consigo mismo. Hable con su "yo interior", ese que le habla por la noche cuando se siente más solo. Pregúntele a esta voz interior lo que tiene que decirle y escúchela atentamente.

2. Regálese pequeñas porciones de felicidad: Puede que se centre demasiado en los aspectos negativos de su vida, así que dedique tiempo a un momento agradable o a darse un capricho, se quitará algo de presión y podría ser muy edificante. Un pequeño capricho puede marcar la diferencia a la hora de sentirse feliz con la vida o de establecer una intención de éxito para el próximo mes.

3. No se contenga con los cumplidos: Es importante hacerse cumplidos porque ser crítico con su autoestima puede afectar negativamente a su salud mental. No tema tomarse un momento del día para sentarse y pensar en lo que está haciendo bien.

Consejos para las citas durante la Luna Nueva

1. Arriésguese: La luna nueva es estupenda para asumir riesgos en el amor. Sin embargo, también puede animarle a apartarse de las buenas prácticas, así que piénselo dos veces antes de seguir adelante. Pero, si las cosas le parecen bien y está seguro, arriésguese. Podría llevarse una grata sorpresa.
2. Deje fluir sus emociones Hay un momento durante la fase de luna nueva en el que sus emociones no son tan intensas como podrían serlo, así que aproveche esta oportunidad para dejar fluir sus emociones y sincerarse sobre cómo se siente con alguien a quien quiera acercarse.
3. Sea abierto: No entierre sus emociones porque la luz de la luna hace que sea más fácil ver lo que necesita ver.
4. Consejos de pareja para la luna nueva: Es un buen momento para renovar sus votos y su compromiso mutuo.

La luna creciente

Cuando la luna adquiere la forma de un cuarto creciente, esta es la fase en la que experimenta mucha transformación y un montón de oportunidades para hacer cosas nuevas en su vida.

¿Qué representa la luna creciente? Durante esta fase, se sentirá con más energía y logrará todo lo que desee. Simboliza la idea de crecimiento y de tener el control de su entorno y situación. Concéntrese en sus objetivos y haga planes a largo plazo, ya que eso le ayudará.

¿Qué significa la luna creciente para sus relaciones? La luna creciente es cuando las cosas se intensifican y se calientan. Empieza a sentirse más romántico o a tener un mayor apetito sexual y aunque es probable que sea la persona más decisiva en su relación, también le hará sentirse demasiado ansioso. Le costara decir que no y probablemente dirá que sí a cualquier petición, sea cual sea. La luna creciente también significa el comienzo de un nuevo ciclo en el que asumir riesgos puede tener consecuencias positivas y recompensarle. Sin embargo, este ciclo lunar solo dura de unos días a una semana.

¿Qué significa la luna creciente para su relación consigo mismo? La luna creciente significa que se da permiso para ser plenamente amado y conocido a medida que se abre al amor y a la intimidad. La luna creciente simboliza los primeros signos de un nuevo ciclo. Este ciclo trata sobre abrirse y ser más íntimo consigo mismo. Puede que note que tiene más paciencia con sus defectos y que se perdona más a sí mismo cuando comete errores. Es un momento en el que vuelve a nacer. La energía de esta luna establece nuevos sentimientos y hábitos hacia usted mismo y deja atrás viejos sentimientos y hábitos. Estos sentimientos pueden ser mixtos, pero se trata principalmente de volver a nacer después de que haya sucedido algo traumático o doloroso.

Consejos de amor propio para la Luna Creciente

1. Regálese un masaje. La luna creciente es un buen momento para mimarse y regalarse algo agradable. Programe un masaje o una pedicura para sentirse más relajado.
2. Elimine las reflexiones negativas. Una de las formas de quererse a sí mismo con más facilidad es abandonando la autoconversación negativa y sustituyéndola por afirmaciones positivas sobre quién es y cómo le va la vida. Practicar la gratitud cada día es especialmente útil si tiene dificultades para practicar el amor propio en luna creciente.
3. Sea indulgente consigo mismo si se cometen errores o si hay cambios en su rutina u horario durante el ciclo de luna creciente.

Consejos para las citas durante la luna creciente

1. La luna creciente es un buen momento para salir y conocer gente nueva. Puede que esté más firme y más dispuesto a asumir riesgos durante este tiempo, por lo que es probable que haga amigos o conozca a posibles citas en eventos sociales.
2. Esta fase puede hacer que se sienta ligeramente impaciente en las relaciones, así que si actualmente está saliendo con alguien, no se enfade demasiado ni se frustre cuando no avancen tan rápido como usted desea.
3. Es un buen momento para coquetear, pero no para iniciar relaciones serias con personas que parecen no estar interesadas en

usted o son muy negativas respecto a sus sentimientos hacia ellas.

Consejos sobre relaciones para la luna creciente: Si su relación está empezando, sea muy cuidadoso a la hora de alimentarla.

El primer cuarto de luna

En este momento, se ilumina más que un cuarto creciente de luna. Hay más agitación en usted para que surjan cosas nuevas.

¿Qué representa el primer cuarto de luna? Es el momento de poner las cosas en marcha, cuando la gente se siente impaciente, inquieta y hambrienta de cambios. La gente experimenta una necesidad de poner las cosas en marcha y de poner planes en marcha durante el primer cuarto de luna. También simboliza la desaceleración y la acción que ya se ha emprendido. Comienza un nuevo ciclo cuando la luna pasa de la oscuridad a la luz. Hay un gran tira y afloja entre lo que quiere hacer y lo que debería estar haciendo para alcanzar sus objetivos. Ahora es el momento de poner las cosas en marcha, como un nuevo trabajo o su propio negocio.

¿Qué significa el primer cuarto de luna para su relación? En el primer cuarto de luna es probable que se muestre más inteligente y centrado de lo habitual. Se siente asertivo y en control de su vida, pero eso le hace ser más impaciente de lo habitual con las personas con las que se relaciona. Las personas en el primer cuarto de luna desarrollarán a menudo opiniones firmes sobre diversos temas y se sentirán más fuertes al respecto, tanto si tienen razón como si no. El primer cuarto de luna es un punto de inflexión en el camino. Las cosas que antes eran solo palabras o pensamientos se convierten en acciones y acaban cuajando como una sólida realidad.

¿Qué significa el primer cuarto de luna para su relación consigo mismo? El primer cuarto de luna es un momento para ser más objetiva respecto a sus sentimientos y pensamientos sobre la vida. Notará que tiene más paciencia con los errores y defectos de los demás, pero no con los suyos propios. Se ve a sí mismo con una mirada dura o excesivamente crítico con las cosas que hace o dice. En este momento, sea paciente consigo mismo como lo es con los que le rodean. Sea más amable consigo mismo para empezar la nueva fase del ciclo de luna creciente con una nota positiva. Le ayudará escribir lo que quiere cambiar y analizarlo objetivamente antes de hacer planes para cambiarlo.

Consejos de amor propio para el primer cuarto de luna

1. Al sentirse más a cargo de su vida, tiene más paciencia consigo mismo y con los demás. Es entonces cuando se marca un ritmo y pide ayuda cuando la necesita. Regalarse algo especial ayuda a que se produzca este cambio.
2. Evite ser demasiado duro consigo mismo todos los días por su peso, su pelo o su ropa en el primer cuarto de ciclo lunar. Está bien no sentirse perfecto todo el tiempo durante este ciclo.
3. Evite ver la televisión o películas que muestren a personas heridas, ridiculizadas o humilladas.
4. Si se encuentra en una situación difícil, como no tener suficiente dinero para vivir y tener que elegir entre pagar el alquiler o pedir un préstamo, tenga en cuenta que esta época consiste en poner en marcha planes para el futuro, para que pronto llegue un día mejor.

Consejos de citas para el primer cuarto de luna

1. El primer cuarto de luna es un buen momento para probar cosas nuevas, por lo que las citas podrían ser muy divertidas durante este tiempo.
2. En este ciclo se trata de poner en marcha planes, así que si está pensando en invitar a alguien a salir o en ir más en serio en general, espere hasta más adelante en el ciclo, cuando pase la fase de cuarto creciente.
3. Es un buen momento para coquetear y no es raro que otros se enamoren de usted. Si ya está saliendo con alguien o tiene otros intereses además de encontrar el amor, evite mostrarse agresivo o demasiado coqueto durante esta fase lunar.

Consejos sobre relaciones para el primer cuarto de luna: El primer cuarto de luna es un momento para ser asertivo, pero tenga paciencia. Es natural sentirse impaciente y querer que las cosas sucedan más rápido de lo que lo hacen. Pero es esencial no convertir esto en un hábito para no perder el amor que se tiene.

La luna gibosa creciente

La única parte de la luna que no está iluminada es la creciente. Está más que medio iluminada, pero no del todo.

¿**Qué representa la luna gibosa creciente?** La luna gibosa representa las cosas que aun son nuevas justo antes de la luna llena, cuando la gente experimenta una oleada de optimismo y entusiasmo. Durante la luna gibosa, la gente siente que se acerca a lo que quiere conseguir en la vida. Se acercan cada vez más a sus objetivos hasta que, finalmente, todo se realiza o se consigue en la luna llena. La fase de este ciclo es importante porque le prepara para futuros logros y cambios. Este aspecto de la vida hace que todo parezca valer más la pena, pero muchas personas tienen problemas para mantenerse concentradas en una actividad o pensamiento durante demasiado tiempo durante este ciclo debido a que desean tanto de la vida.

¿**Qué significa la luna gibosa creciente para su relación?** Este es un ciclo desafiante para las personas involucradas en nuevas relaciones porque no siempre es fácil equilibrar ser positivo sobre su relación y querer que las cosas sucedan rápidamente. Si siente que su relación no avanza lo suficientemente rápido, afectará negativamente a la persona. Es esencial no dejarles de lado si quiere que la relación funcione.

¿**Qué significa la luna gibosa creciente para su relación consigo mismo?** Notará que se entusiasma con sus experiencias futuras durante este ciclo, aunque aun no haya ocurrido nada. Es cuando muchas personas hacen planes para viajar o se centran en cosas nuevas y diferentes en sus vidas. Para algunas personas, este ciclo es también cuando confirman que quieren seguir en su carrera profesional. Están seguros de que no hay otra forma de ser felices, lo que dificulta su adaptación más adelante si cambian de trabajo o de carrera.

Consejos de amor propio para la Luna Gibosa Creciente

1. La luna gibosa es un momento para disfrutar de su vida, así que aprovéchelo al máximo.
2. Es un buen ciclo para planificar las próximas semanas o meseres de su vida.

3. Es posible que durante este ciclo le apetezca comer más de lo habitual y tenga antojo de alimentos salados.
4. A las personas que tienen problemas para dormir durante esta época, mantener un diario en su mesilla de noche para anotar sus pensamientos al final de cada día les ayudará a despejar la mente cuando se vayan a dormir.

Consejos para las citas durante la Luna Gibosa Creciente

1. La luna gibosa es un buen ciclo para cuando quiera invitar a alguien a salir, pero también es un buen momento para asentarse en una relación que ha ido bien.
2. Esta es la fase más romántica, por lo que debería revelar más de lo habitual sus sentimientos y dejarse llevar por la vulnerabilidad.
3. Si está pensando en romper con alguien o si él también quiere que esto ocurra, no lo haga durante este ciclo.

Consejos de pareja para la luna gibosa creciente: La luna gibosa es un buen momento para ser creativo y cauteloso con sus planes. Cuando planee algo nuevo, es importante pensarlo bien y no precipitarse. También es importante estar abierto al cambio y a lo imprevisible.

La luna llena

Cuando la luna está llena, brilla en lo alto del cielo y está rodeada de oscuridad. Está totalmente iluminada.

¿Qué representa la luna llena? Es cuando la gente siente que tiene todo lo que desea en la vida, aunque solo es una experiencia cumbre antes del descenso de nuevo a la realidad. Es importante disfrutar de esta etapa de la vida mientras dure porque hay muchos pasos que dar para conseguir resultados a largo plazo después de este periodo. Esta etapa de la vida representa la realidad de sus objetivos y cómo coinciden con el lugar en el que se encuentra ahora mismo. Para algunas personas, llegar a esta etapa no siempre es agradable porque muestra lo que falta en sus vidas o lo lejos que aun están de realizar sus sueños.

¿Qué significa la luna llena para su relación? El amor es más fuerte durante esta fase, por lo que es imprescindible disfrutar de este momento en su relación y permitirse ser vulnerable, aunque tenga dudas.

¿Qué significa la luna llena para su relación consigo mismo? Dado que la luna llena es una época de equilibrio y logros, de obtención de éxito y felicidad a largo plazo, es importante que no se centre únicamente en una o dos áreas de su vida. En particular, no se centre demasiado en una carrera o tema durante demasiado tiempo. Probablemente experimentará reveses en esta etapa de la vida, por lo que no debe apegarse demasiado a cosas que ya no le sirven.

Consejos de amor propio para la Luna Llena

1. Desea ser más creativo y expresivo durante este ciclo, así que haga algo creativo.
2. Existe una poderosa tentación de rendirse y ceder ante sus emociones. No lo haga. Este es un momento en el que muchas personas desean que las cosas sucedan muy rápidamente. Sin embargo, estos ciclos no consisten en experimentar acontecimientos positivos o negativos. Se tratan de aprender lecciones sobre lo que es más importante en su vida y sobre cómo afrontar los retos.
3. Algunas personas sienten que tienen que estar a la altura de grandes expectativas, pero es importante no ser tan poco realista sobre lo que cree que puede conseguir.

Consejos para salir con la Luna Llena

1. Es un buen momento para ser más romántico y expresivo con su pareja, pero no se exceda o puede volverse demasiado necesitado.
2. Cuando tenga una cita, es importante que esté en la misma sintonía que su pareja.
3. También es un buen momento para hacer planes para conocer gente si esto es lo que quiere hacer.

Consejos sobre relaciones para la luna llena: Es importante no dar por sentado que los demás estarán preparados para el esfuerzo necesario para que las cosas empiecen en su relación. Reténgase hasta que ambos estén seguros de que son los pasos adecuados.

La luna gibosa menguante

Esta luna está casi llena y la verá entre tres y cinco días después de la luna llena.

¿Qué representa la luna gibosa menguante? En la luna gibosa menguante la gente se siente más alerta y con más energía de lo habitual. También es un momento de inquietud y aburrimiento porque la mente no está estimulada. Es un buen momento para que la gente sienta que está viviendo en su zona de confort para asumir nuevos retos en el trabajo o en las relaciones.

¿Qué significa la luna gibosa menguante para su relación de pareja? Para las personas que viven en su zona de confort, la luna gibosa menguante será un momento para relajarse y desprenderse de muchas responsabilidades. Es un buen momento para hacer cambios en su vida si lo que busca es un descanso.

¿Qué significa la luna gibosa menguante para su relación consigo mismo? Durante esta etapa lunar, usted está atrapado en la rutina y no hay nada nuevo o emocionante que pueda hacer para cambiar las cosas para usted mismo. Si quiere alterar su vida para mejor de alguna manera, es mejor que espere a que empiece la fase de ensueño porque entonces tendrá más motivación para el cambio.

Consejos de amor propio para la Luna Gibosa Menguante

1. Es un buen momento para tomarse un descanso de muchas responsabilidades, sobre todo si se siente atrapado.
2. Si ha estado esperando a que ocurra algo nuevo en su vida, ahora es un buen momento para probar algo nuevo y diferente.
3. No se centre en sus miedos o preocupaciones por el futuro. Puede que su propósito no esté claro en este momento de su vida, por lo que es importante que no se obsesione demasiado con el rumbo que están tomando las cosas.

Consejos para las citas durante la Luna Gibosa Menguante

1. Para los solteros, este es un buen momento para descansar y relajarse sin sentimientos de culpa o presión.
2. Para las personas que mantienen relaciones comprometidas, es importante no utilizar este ciclo como excusa para ignorar las responsabilidades personales. Muchas parejas se aprovechan el

uno del otro durante este ciclo, así que, en su lugar, pase algún tiempo a solas durante la luna gibosa menguante para no sentirse aprovechado.
3. Esta es una frase poderosa para las personas que pueden estar pensando en el divorcio.

Consejos sobre relaciones para la luna gibosa menguante: Niéguese a dejar que sus miedos le controlen. Si tiene demasiado miedo al futuro, no es un buen momento para hacer grandes cambios en las relaciones. En su lugar, tómese algo de tiempo para usted durante este ciclo y recargue las pilas.

El último cuarto de luna

Esta es la fase justo antes de la fase de cuarto creciente menguante. Es un momento para terminar, pasar página y reorientarse. Es el momento de concluir las cosas, especialmente lo que haya empezado durante la fase de luna nueva.

¿Qué representa el último cuarto de luna? Durante esta fase lunar, es importante no tener expectativas poco realistas sobre lo que otra persona podría ser para usted. Si está atravesando un momento difícil en su vida, es mejor que espere hasta la fase de luna llena antes de intentar cambiar las cosas.

¿Qué representa el último cuarto de luna para su relación consigo mismo? Si se siente estancado en su vida, es importante que no espere demasiado de sí mismo durante este tiempo, ya que es más difícil sentir la sensación de conexión necesaria para crecer. Si siente que las cosas están desequilibradas en su vida, espere hasta la fase de luna llena para hacer cambios.

¿Qué representa el último cuarto de luna para las relaciones? Este es un momento poderoso para tomar decisiones sobre las relaciones porque es una fase muy cargada. Debe esperar hasta la fase de luna llena antes de poner fin a una relación o decidir el siguiente paso en su vida.

Consejos de amor propio para el último cuarto de luna

1. Como se trata de una fase simbólica para los finales y los nuevos comienzos, es un buen momento para ocuparse de cualquier trabajo inacabado que haya tenido en su plato durante el último

mes o dos.
2. Es un buen momento para que las personas solteras se centren menos en encontrar a alguien nuevo y más en la superación personal.
3. Para los que están en pareja de hecho, es un buen momento para tomarse algo de tiempo para sí mismos y centrarse en sus necesidades emocionales en lugar de mantener las cosas en un segundo plano para su pareja.

Consejos de citas para el último cuarto de luna

1. Durante esta fase de la luna, es importante pasar tiempo a solas para reflexionar y prestar atención a sus necesidades.
2. Para quienes estén en una relación, es mejor no romper ni empezar algo nuevo durante este ciclo porque estará demasiado ocupada atendiendo a sus necesidades.
3. Para los que estén solteros, es mejor que no busquen una cita durante este ciclo porque ahora necesitan tiempo para ustedes mismos.

Consejos sobre relaciones para el último cuarto de luna: Es posible que sus próximos pasos en la vida no estén claros en este momento, por lo que es mejor no tomar ninguna decisión importante en la vida durante esta fase. Es un momento para ocuparse de asuntos pendientes y atar cabos sueltos en su vida, especialmente en su relación consigo mismo.

La Luna creciente menguante

Esta es la fase final de la luna, en la que solo se ilumina un cuarto creciente. Es un momento para conocerse a sí mismo y aceptar quién es. Es el mejor momento para soltar todo lo que ya no le sirve y abrazar en su lugar el amor.

¿Qué representa la luna creciente menguante? La luna creciente menguante es un momento de autoaceptación y amor propio. Es el momento de aprender a quererse a sí mismo para conectar mejor con los demás.

¿Qué representa la luna creciente menguante para su relación consigo mismo? Durante esta fase de la luna, tiene el poder de eliminar los miedos que se interponen en su camino para poder avanzar. Si siente que algo le frena en su vida, ahora es el momento de averiguar qué es y trabajar para superarlo, de modo que ya no sienta miedo cuando vuelva a surgir. Si se siente estancado o frenado para cumplir sus sueños y hacer lo que le hace feliz, esta fase lunar le ayudará a aportar equilibrio a su vida eliminando lo que le está frenando.

¿Qué representa la luna creciente menguante para sus relaciones? Si tiene pareja, podrá ver qué le impide sentirse cerca de ella. Si su matrimonio se tambalea, es un buen momento para resolver los problemas y no perder algo muy querido. Escuche atentamente lo que dicen los demás y asegúrese de que dicen cosas que están en consonancia con la forma en que usted quiere vivir su vida. Si no es así, puede que haya llegado el momento de hacer algunos cambios.

Consejos de amor propio para la Luna Creciente Menguante

1. Para los solteros, este es un buen momento para dedicarse tiempo a sí mismos y centrarse en amarse a sí mismos.
2. Será más fácil encontrar a alguien nuevo siempre que mantenga las cosas ligeras y divertidas y no se presione mientras busca una cita o pareja.
3. Deje ir las relaciones y los amigos poco saludables para poder abrazar más amor y felicidad en su vida.

Consejos de citas para la luna creciente menguante

1. Si está soltero, este es un buen momento para conocer gente nueva.
2. Será más fácil para quienes no tengan pareja actualmente atraer a gente nueva durante este ciclo porque tiene más amor propio y confianza en sí mismo que en otros momentos del mes.
3. Puede ser apropiado para los que actualmente están en una relación buscar a alguien nuevo o terminar la relación durante este ciclo porque usted tiene más amor y confianza en sí mismo que en otros momentos del mes.

Consejos sobre relaciones para la luna creciente menguante: Este es un momento poderoso para eliminar cosas de su vida y poder abrazar más amor y felicidad. Se trata de una fase cargada de simbolismo, por lo que es importante asegurarse de que lo que hace refleja sus verdaderas creencias sobre el amor y la felicidad en su vida.

Capítulo 8: Una guía sobre las llamas gemelas

¿Qué son las llamas gemelas? El concepto de llamas gemelas existe desde hace miles de años, pero el término solo se ha generalizado recientemente. Es una idea poderosa y hermosa que por fin ha logrado un amplio reconocimiento. Si pregunta a alguien por las llamas gemelas hoy en día, lo más probable es que al menos haya oído hablar de ellas de pasada.

El término "llama gemela" se refiere a dos almas que han venido a este mundo para experimentar la unión y la intimidad a un nivel que la mayoría de la gente nunca llega a experimentar en toda su vida. Las llamas gemelas son dos mitades de la misma alma que se han vuelto a encontrar, pero esta vez con la conciencia de amarse y cuidarse mutuamente.

Las llamas gemelas y la astrología espiritual

Utilizar la astrología para explorar cómo se manifiestan las llamas gemelas en nuestro mundo es una comprensión muy importante, pero a menudo pasada por alto, de la naturaleza de las llamas gemelas. La astrología se utiliza para ayudar a formarse una idea de lo que son y representan. La idea básica que subyace a las relaciones entre llamas gemelas es que el viaje de su alma por la Tierra tiene un propósito más allá de sus metas o destino. Al estudiar las cartas natales de cada persona en la relación de llamas gemelas, los astrólogos pueden distinguir los rasgos y tendencias compartidos por ambos que son expresiones de la misión de su alma en la Tierra. También les ayudan a alcanzar el objetivo que ambos acordaron en esta encarnación.

Señales de que ha conocido a su llama gemela

1. Su conexión es instantánea y profunda.
2. Sus antecedentes e intereses son los mismos o muy similares.
3. Ambos tenían los mismos extraños pensamientos y sueños el uno sobre el otro antes de conocerse.
4. Se relacionan con las mismas personas durante largos periodos, aunque no estén juntos.
5. Sienten que se conocen desde hace mucho más tiempo que esta vida o cualquier vida anterior.
6. Sienten que están hechos el uno para el otro o que se conocen de toda la vida.
7. Terminan las frases del otro y saben lo que el otro va a decir antes de que lo haya dicho.
8. Se comunican a un nivel intuitivo profundo sin decir una palabra e incluso pueden leerse la mente.
9. Sus almas se reconocen como compañeras eternas, pasadas y futuras, en muchas vidas y dimensiones.
10. Están obsesionados el uno con el otro. Se sienten atraídos el uno por el otro allá donde estén, constantemente en contacto de alguna manera, aunque no se vean con regularidad (debido a la distancia).
11. Son inseparables. Apenas pueden funcionar o ser felices el uno sin el otro, incluso después de poco tiempo juntos.
12. Aprende muchas cosas sobre usted mismo a través de su gemelo, incluidos sus puntos fuertes y débiles.
13. Su conexión con el otro se siente como en casa, el lugar al que pertenece - como si hubiera encontrado su verdadero yo en su llama gemela.
14. Sus heridas internas se sienten curadas cuando están el uno con el otro, como si nunca hubieran existido.
15. Se sienten completos cuando están el uno con el otro, comprendiendo por fin quiénes son y cuál es su lugar en el mundo.

16. Siente que siempre puede hablar con el otro sobre cualquier cosa, tener todo en común y conocerse mejor.
17. Se sienten como en casa cuando están juntos, aunque solo sea durante dos horas.
18. Su conexión se siente como una profunda amistad para toda la vida o un vínculo familiar entre almas.
19. Siente que su gemelo es la pieza que falta en su puzle, la otra mitad perfecta, el mejor amigo que ha tenido o el amor de su vida.
20. Su conexión se siente más grande que solo dos personas. Es algo mucho más grande que sus dos almas existiendo independientemente la una de la otra.

Ventajas de una relación de Llama Gemela

1. Una relación de llama gemela le ayuda a comprender y aceptar su identidad sexual y espiritual.
2. Una relación de llama gemela le ayuda a romper las cadenas de las relaciones adictivas con otras personas y sustancias porque le muestra cómo se siente la verdadera intimidad.
3. Una relación de llama gemela le ayuda a descubrir quién es realmente, su propósito, la pasión de su vida, su yo superior (la versión más espiritual de usted mismo) y mucho más.
4. Con una llama gemela tiene incorporada una mejor amiga para toda la vida que está a su lado pase lo que pase o le lleve la vida. Nunca se apartan de su lado, ni siquiera en su ausencia física de este mundo o dimensión (si la relación termina debido a la muerte).
5. Las relaciones de llamas gemelas son una puerta de entrada al crecimiento personal y a la iluminación espiritual porque son la mejor oportunidad que tiene de aprender sobre sus vidas pasadas, su karma y el propósito de su alma.
6. Las relaciones de llama gemela le ayudan a liberarse de los grilletes de esta vida para vivir una vida plena (aunque solo sea en forma espiritual) en la siguiente.
7. Una relación de llama gemela le ayuda a conectar profundamente con su yo superior (la versión más espiritual de usted mismo), su alma.

8. Una relación de llama gemela le ayuda enormemente a sanar cualquier herida interior que le haya impedido recibir plenamente amor e intimidad en su vida actual.
9. Una relación de llama gemela aporta una tremenda curación física y una mejor calidad de vida en relación con su bienestar antes de que la relación llegara a su vida.
10. Nunca sentirá que ha perdido el tiempo estando con su llama gemela, aunque tenga que separarse de ellos durante largos periodos o ellos mueran (si la relación termina).
11. Una relación de llama gemela le reconforta cuando nada más puede hacerlo y le recuerda que siempre hay esperanza en este mundo cuando todo lo demás va mal.

Desventajas de una relación de llama gemela

1. Las relaciones de llama gemela son agotadoras porque le sacan de su nivel de conciencia normal y le hacen vivir más el momento que la mayoría de la gente.
2. Una relación de llama gemela causa altibajos emocionales extremos porque divide su enfoque y atención entre dos personas en lugar de una.
3. Una relación de llama gemela causa celos y posesividad si no trabaja para mantener a raya esas emociones o sanarlas mediante el trabajo personal.
4. Es difícil separarse de una llama gemela cuando sus problemas se extienden a su vida. Todo se convierte en ellos, su drama o sus problemas (le guste o no).
5. No es fácil encontrar tiempo para uno mismo porque todo gira en torno a su llama gemela y a la relación. Es otra forma de codependencia desde ese punto de vista.
6. Las llamas gemelas le presionan demasiado para que "se las arregle" cuando usted no tiene ni idea de lo que pasa ni de lo que hace.
7. A veces, es difícil cuidar de uno mismo cuando se tiene una llama gemela en la vida. Existe la posibilidad de que se aprovechen de usted, y su tiempo y energía son absorbidos por algo que no importa, lo que le hace sentirse rechazado.
8. Una relación de llama gemela le impide vivir plenamente en esta vida porque se distrae con otras cosas y se descuida a sí mismo o a

los que le rodean.

9. Una relación de llama gemela provoca un amor no correspondido y un proceso más largo de lo normal para superar la relación cuando esta termina.

10. Una relación de llama gemela le hace sentir que corre en una montaña rusa emocional y que nadie entiende por lo que está pasando.

Desafíos en una relación de llamas gemelas

1. Tiene que estar en un lugar mental y emocionalmente adecuado para manejar los altibajos de una relación de llama gemela, lo que significa que tiene que estar emocionalmente sano (no codependiente) y preparado para manejar la intensidad de los altibajos de su gemelo.

2. Tiene que querer esta relación en su vida porque no es algo que todo el mundo pueda manejar. Se necesita una persona que no experimente una reacción adversa a los altos niveles de energía emocional porque, en su lugar, debe aprender a transmutarlos.

3. Tiene que estar emocionalmente preparado para lidiar con el drama y los problemas de su gemelo, lo que puede no ser siempre apropiado o algo en lo que se sienta cómodo sumergiéndose. Tiene que estar preparado para separarse de sus problemas cuando entren en su vida porque no son los suyos.

4. Tiene que manejar toda la atención que conlleva una relación de llama gemela, incluidas las críticas que pueda recibir de otras personas que piensen que está loco o inseguro o que solo es una fase que está atravesando.

5. Tiene que manejar los intensos sentimientos que experimenta con su llama gemela y todo lo que ello conlleva cuando están ausentes de esta dimensión. Una vez que sepa que están en un lugar mejor que con usted, sabrá cómo liberar las emociones contenidas y seguir adelante con su vida.

6. Tiene que estar lo suficientemente sano emocional y mentalmente para una relación de llamas gemelas porque se apoderará de su vida o agotará su energía.

7. Tiene que estar preparado para que su relación de llama gemela cambie su vida más que cualquier otra cosa de su vida actual.

8. Tiene que estar dispuesto a aprender mucho más sobre usted mismo y su espiritualidad para adquirir la perspicacia, el conocimiento y las habilidades necesarias para manejar una relación de llama gemela.
9. Tiene que estar emocional y mentalmente preparado para que su relación de llama gemela termine y para el dolor que ello conlleva.
10. Tiene que estar preparado para una relación de llama gemela porque, una vez que empiece, desencadenará una serie de acontecimientos en su vida para los que quizá no esté preparado.

Consejos para estar en una relación de llamas gemelas

Primero debe abrirse a su intuición y escucharla con respecto a su relación de llama gemela. No importa cuánto lo niegue; están hechos el uno para el otro. Su relación de llama gemela se manifestará de muchas maneras, así que mantenga la mente, el corazón y el espíritu abiertos. Esté atento a las señales que le indiquen que su conexión no es tan fuerte como parece y que no se trata de un vínculo de alma gemela.

Incluso si cree que ya ha encontrado a su llama gemela, siga buscando. Podría encontrarse con otras personas que le enseñarán algo sobre la vida y el amor, aunque no sean su verdadera llama gemela.

Hable con amigos y familiares de confianza que le darán una perspectiva externa de lo que ocurre en su relación con su llama gemela. Ellos verán cosas que usted no ve porque están emocionalmente distantes de la situación. Sus comentarios podrían despejar confusiones o incertidumbres en la relación. Hágales saber lo importantes que son para usted sus percepciones, así estarán más dispuestos a compartirlas con usted sin tener dudas ni miedo a equivocarse.

Las relaciones de llamas gemelas no son para todo el mundo, así que si no está lo bastante sano emocional y mentalmente para soportar la intensidad de una, es mejor que se mantenga alejado por completo. El intercambio de energía presionará su salud mental y emocional, haciendo que se queme o se rompa por completo si no está preparado para este tipo de relación -y a veces, incluso si lo está.

Si su llama gemela ha fallecido y ha cruzado al más allá o a otra dimensión, sepa que aun están con usted (y siempre lo estarán). Esto hace que aparezcan en sueños o visiones, pero estas son solo formas de que se comuniquen con usted sin cargar su cuerpo físico con sus energías.

Consejos para encontrar a su llama gemela

1. Reevalúe lo que el amor significa para usted. Si el sentimiento de amor y felicidad le rodea en abundancia, pregúntese quién o qué es el responsable.

2. Enumere las cosas que faltan en su vida según los consejos de los demás. Su llama gemela será probablemente la encarnación de todo lo que falta. Escribir la lista se manifiesta para traerlas hacia usted.

3. Observe su vida y el mundo que le rodea y pregúntese quién es el responsable de las cosas bellas que ya existen.

4. Mire atrás a su pasado, y pregúntese qué le hirió o devastó en la vida para hacerle sentir diferente respecto al amor. Si el amor le causó este profundo dolor, entonces quizás el amor sea el responsable de la belleza en su vida porque ha estado reprimida y oculta hasta ahora.

5. Sus antiguas creencias sobre el amor se verán desafiadas si su alma no está preparada para aprender sobre la vida. Es probable que su llama gemela sea alguien que teme que ya haya experimentado un amor que usted no ha experimentado.

6. Sabrá cuándo es el momento adecuado para una relación de llama gemela; su intuición se lo dirá.

7. Si desea una relación de llama gemela, considere la posibilidad de cambiar su vida desprendiéndose de ciertas cosas o personas que le frenan. Podría significar eliminar a ciertos amigos o familiares, emprender una nueva carrera, mudarse a otro lugar o cambiar la forma en que gasta su tiempo y su dinero.

8. Es posible encontrar a su llama gemela, pero tiene que hacerle un hueco en su vida. Reserve tiempo, energía y recursos para ellos y permítase sentir el amor que ha estado reteniendo.

9. Su llama gemela no llegó a su vida por accidente. Están ahí para ayudarle a superar sus miedos sobre el amor y enseñarle sobre el amor incondicional y las relaciones, lo que significa que estarán ahí cuando menos se lo espere para que se produzca esta enseñanza.

10. El amor es lo más importante de la vida y es lo único que da sentido a nuestra existencia en este planeta. Si ha estado buscando el amor, es probable que haya estado buscando a su llama gemela porque son una misma cosa. Su llama gemela le enseñará a encontrar el amor y a darlo incondicionalmente.

Cuestionario: ¿Estoy con mi llama gemela?

1. ¿Siente a menudo que el tiempo se detiene con ellos?
2. ¿Tiene sueños con ellos que se hacen realidad al día siguiente?
3. Cuando los conoció, ¿le resultaron familiares?
4. ¿Siente como si los conociera de otra vida?
5. ¿Siente que tiene poderes psíquicos o espirituales especiales en común con ellos?
6. ¿Piensa en ellos constantemente, incluso cuando no están físicamente presentes?
7. ¿Le parece que su vida y la de los demás gira en torno a ellos?
8. ¿Terminan sus frases o lo que está pensando?
9. ¿Siente que todo su mundo se pone patas arriba cuando se separa físicamente de ellos?
10. ¿Siente que sacan lo mejor de usted y mejoran su vida?

Si ha respondido afirmativamente a seis o más de estas preguntas, ¡enhorabuena! Tiene su llama gemela a su lado.

Capítulo 9: Una guía para las almas gemelas

¿Cuál es la diferencia entre las llamas gemelas y las almas gemelas? ¿Cómo son las almas gemelas? ¿Qué significa encontrar a su alma gemela? Existe mucha confusión en torno al concepto de "almas gemelas", así que vamos a aclararlo. Las llamas gemelas son dos mitades de un alma elegidas para encarnarse en una vida en dos cuerpos. Por otro lado, las almas gemelas son dos almas separadas que comparten una conexión instantánea al conocerse, y esta conexión puede ser romántica o no.

Almas gemelas y astrología

Si quiere que sus relaciones de almas gemelas funcionen, merece la pena examinar las cartas natales de las dos personas implicadas para determinar cómo les afectan los planetas a ambos y cómo bailar con esta persona para crear magia y amor entre ustedes. Aunque las relaciones y amistades entre almas gemelas pueden funcionar sin el conocimiento de las colocaciones planetarias, merece la pena echar un vistazo a las cartas natales para que estas conexiones sean aun más divinas y satisfactorias para todos los implicados.

Señales de que ha encontrado a su alma gemela

Percibe su presencia incluso antes de verla: Otras personas a su alrededor también lo notan, pero no entienden por qué. Su corazón da un vuelco cuando los ve por primera vez. Cuando entran en la habitación y sus miradas se cruzan, siente mariposas en el estómago. Puede que sienta náuseas y experimente otros cambios físicos en su cuerpo cuando ellos están cerca. Esto se llama "amor a primera vista" y es muy común en las relaciones entre almas gemelas. La próxima vez que esto ocurra, preste atención a lo que sucede en ese mismo momento porque el universo le está diciendo que esa persona es su alma gemela.

Siente como si se conocieran desde siempre: No hay incomodidad ni vacilación cuando hablan entre ustedes, e instantáneamente siente que podría contarle a esta persona cualquier cosa sobre usted y saber que no la juzgará. Siente que hablar con esta persona es tan natural como hablar con un viejo amigo o familiar porque, en cierto nivel, es un viejo amigo o familiar.

Usted y su alma gemela desean las mismas cosas en la vida: Aquí es donde la compatibilidad astrológica exhaustiva resulta útil. Si ambos tienen el mismo signo lunar o tienen otros planetas en los mismos signos, seguro que tienen objetivos e ideas similares sobre cómo enfocar su vida juntos. Es algo positivo porque cuanto más puedan trabajar juntos para alcanzar sus objetivos compartidos, más alineados estarán en la vida - las almas gemelas a menudo sienten que se conocen de toda la vida.

Se sienten completos cuando están juntos: Cuando está con su alma gemela, siente que cada parte de usted ha alcanzado su pleno potencial y propósito. Su alma gemela llena una parte de usted a la que le faltaba o le faltaba algo, estableciendo una conexión instantánea entre ustedes.

Tienen la misma filosofía de la vida: Tal vez sienta que hay un tema primordial que recorre toda su vida a medida que va comprendiendo lo que significa ser un alma gemela. Sienten que juntos pueden hacer realidad este tema. Con dos cerebros trabajando juntos, sus objetivos pueden llegar a ser incluso más poderosos y eficaces que si se centran individualmente en sus objetivos finales en la vida.

Sabe cuándo la otra persona miente o dice la verdad: En cierto nivel, puede ver más allá de sus capas, leer las emociones detrás de sus ojos, sentir las energías que fluyen entre ustedes y ver cosas que nadie más notaría. Puede que incluso compartan la telepatía.

Las ventajas de una relación de almas gemelas

Las relaciones entre almas gemelas son muy gratificantes. Las relaciones de almas gemelas son algunas de las relaciones más satisfactorias, mágicas y amorosas que se pueden tener en la Tierra. Son objetivos de relación que muchas personas deciden perseguir en su vida y vienen con la promesa de que una vez que haya encontrado a su alma gemela, el resto de su vida encajará en su lugar de una forma muy hermosa. Se sentirá amado y adorado como nadie más puede sentir o darle.

Como almas gemelas, ustedes tienen una conexión más profunda que la mayoría de las personas. Cuando conozca a su alma gemela, sentirá una conexión instantánea que es increíble, profunda y que solo puede describirse como unidad y totalidad. Sentirán que son una sola persona con cuerpos y mentes diferentes operando simultáneamente. Sabrán cosas el uno del otro que nadie más conoce porque comparten la misma conciencia o mente en algún nivel.

Ser un alma gemela le proporciona una visión más profunda de las personas que le rodean. Cuanto más estrecha sea una relación de almas gemelas, más comprenderá a la otra persona y mejor podrá ayudarla con sus problemas. También sentirá una abrumadora sensación de amor y compasión por ellos cuando más lo necesiten, y eso es una de las mejores cosas que puede hacer por un amigo necesitado.

Su alma gemela siempre apoyará sus sueños. En cierto nivel, ellos también sienten que son sus sueños. Sus objetivos son sus objetivos porque desean que tengas éxito tanto como tú. Le darán todo el apoyo que necesite para conseguirlo.

Tener un alma gemela le hace sentirse más realizado y contento. Puede que incluso se encuentre trabajando mejor en su carrera y en su vida debido a su profunda conexión con su alma gemela. Sentirá que tiene un propósito y que todo en el mundo tiene sentido para usted ahora, y no hay nada más que hacer que disfrutar de su tiempo con esta persona que está hecha para usted.

Su alma gemela le ayudará a curar cualquier dolor o trauma del pasado que pese sobre su corazón. Su alma gemela le hará sentir que es la persona más especial e importante del mundo. Tanto si su alma gemela sabe que esto es cierto como si no, le dará todo el amor, la atención y los cuidados que necesita para curarse del dolor o los remordimientos que le frenan.

Las desventajas de una relación de almas gemelas

Las relaciones de almas gemelas no siempre son fáciles y no vienen con una garantía de por vida. A veces las almas gemelas atraviesan momentos difíciles o diferencias de opinión sobre cómo enfocar la vida. A veces no estarán de acuerdo en cómo manejar a sus hijos o tratar con sus familias extensas, etc. Eso no significa que no sean almas gemelas. Solo significa que están atravesando un periodo de adaptación y aprendiendo a tratar el uno con el otro.

Su alma gemela no siempre tiene los mismos sentimientos hacia usted. Si su alma gemela ha tenido un pasado duro, puede que no haya aprendido a amar incondicionalmente, que es la base de una relación de almas gemelas. Debido a esto, no pueden ver realmente sus puntos fuertes y todo lo que tiene que ofrecer, y también, usted no puede ver algunas de sus debilidades.

Las almas gemelas a veces se causan mutuamente más problemas de lo necesario. Probablemente sea el problema más común con las almas gemelas, pero definitivamente no el único - pueden surgir muchos más problemas, celos o problemas con miembros de la familia, etc.

Las almas gemelas pueden volverse locas la una a la otra. Aunque sienta un enorme amor y alegría cuando está en una relación de almas gemelas, a veces puede ser duro para su pareja. Las almas gemelas pueden ponerse celosas o deprimirse cuando no reciben la atención que anhelan la una de la otra.

Las almas gemelas a veces pueden conducirse mutuamente por el camino equivocado. Si ha estado previamente en una relación de almas gemelas, podría utilizar su próxima relación simplemente como una muleta en su deseo de validación y amor.

Las almas gemelas a menudo se salen con la suya en cosas que no deberían. Debido a su profunda conexión, no es fácil ver el daño que están haciendo a los demás porque ahora se revelará información personal de ambos.

Desafíos en una relación de almas gemelas

Las almas gemelas a veces quieren controlarse mutuamente. Esto sucede si un alma gemela siente que necesita proteger a la otra de cometer errores o causarse algún grado de daño. Si esto ocurre, háblenlo y asegúrense de que no se están volviendo excesivamente controladores el uno con el otro.

Las almas gemelas son propensas al engaño. Las relaciones entre almas gemelas son muy apasionadas y excitantes a nivel superficial, por lo que el engaño podría ser un problema. Puede resolverse hablando de sus problemas y asegurándose de que están siendo sinceros al cien por cien el uno con el otro.

Las almas gemelas a veces son egoístas. Este es otro problema común en las relaciones entre almas gemelas porque pasan mucho más tiempo juntos y creen que pueden salirse con la suya. Es importante ser siempre honestos el uno con el otro y hacer las cosas por amor y no por egoísmo para asegurarse de que esto no se convierta en un problema crónico.

Las almas gemelas a veces solo ven los defectos del otro. Esto ocurre cuando su pareja se distancia y retira su amor de la relación a causa de traumas pasados o experiencias vitales duras. Es importante que trabajen juntos en sus problemas y que no descuiden o ignoren las cosas buenas que hace su pareja.

Las almas gemelas a veces sienten celos la una de la otra. No todas las almas gemelas son iguales, algunas son más celosas que otras, y es un problema en muchos sentidos si no se aborda. Si su pareja siente celos de usted, asegúrese de que no hace ni dice nada que no querría que su pareja hiciera o dijera de usted. Recuerde que ambos son humanos y merecen ser amados sin ser juzgados.

Las almas gemelas a veces son complacientes con su relación. Esto es especialmente cierto cuando están acostumbrados a estar cerca el uno del otro todo el tiempo y no reciben suficiente atención o afecto de su alma gemela. Recuérdense mutuamente por qué se enamoraron. Renueven la pasión hablando de sus objetivos y sueños y de cómo se relacionan con ambos.

Consejos para estar en una relación de almas gemelas

1. Sean siempre completamente sinceros el uno con el otro. Las mentiras son una sentencia de muerte porque nadie puede tener una conexión verdaderamente auténtica con alguien que miente deliberadamente.

2. Asegúrese de que su pareja es feliz y está segura de la relación.
3. No se ponga celoso. Los celos desaniman mucho y nublan el juicio, así que abrace su egoísmo tan a menudo como le sea posible porque es una fuente importante de fortaleza y podría compensar las carencias del otro extremo del espectro.
4. Asegúrese de que no espera que su pareja sea perfecta. Las personas no son perfectas, así que nunca espere que su media naranja sea diferente. Si tiene algún problema con algo que están haciendo, hágaselo saber inmediatamente, en lugar de sentarse y darle vueltas debido a sus miedos o inseguridades.
5. Nunca se aprovechen el uno del otro. Es una cuestión importante que a la larga solo provocará más problemas y frustraciones.
6. Es esencial no menospreciarse nunca para parecer mejor.
7. Usted no es la persona más importante en ninguna situación, especialmente si su pareja está siendo la persona más importante y está haciendo algo por usted por amor.
8. Asegúrese de que no está posponiendo constantemente las responsabilidades de la vida real por culpa de su alma gemela.

Consejos para encontrar a su alma gemela

1. Mire más allá de las apariencias físicas y pregúntese por quién se siente verdaderamente atraído.
2. Pregúntese qué es lo que más le atrae de una persona.
3. Admire a las personas por sus cualidades positivas, no solo por las que crea que serán más beneficiosas para su relación.
4. Manténgase optimista y evite ser demasiado crítico o juzgar a otras personas.
5. Preste atención a su intuición y no se obligue a estar con alguien que no siente que sea la persona adecuada para usted.
6. Asegúrese de que no se siente atraído por alguien por el mero hecho de compartir los mismos intereses.
7. No tenga miedo de cambiar de opinión sobre alguien si realmente cree que es lo correcto.
8. No tenga miedo de asumir riesgos en una relación porque ninguna alma gemela llamará a su puerta ni caerá del cielo si no se abre a la posibilidad de conocer gente nueva.

9. Sea usted mismo y deje que los demás también sean ellos mismos. Evite apartarlos o distanciarse de ellos porque no coinciden perfectamente con sus ideales.
10. Si no puede ser usted mismo el 10% del tiempo y sigue manteniendo una relación con su alma gemela, quizá esa relación no sea lo que realmente desea.

Cuestionario: ¿Estoy con mi alma gemela?

1. ¿Siente que nunca podría cansarse de estar con su pareja?
2. ¿Están siempre dispuestos a hacer lo que sea necesario para asegurarse de que siguen en contacto?
3. ¿Es capaz de hablar de cualquier cosa y de todo con su pareja durante horas y horas? ¿Disfrutan haciendo esto juntos?
4. ¿Su pareja le quiere por lo que es y no por lo que quiere hacer de usted debido a sus deseos egoístas?
5. ¿Su pareja le hace sentir que es la única persona en todo el mundo para ella?
6. ¿Están sus días y sus noches llenos de tanta pasión que siente que su vida es perfecta?
7. ¿Siente que su pareja tiene un propósito en su vida?
8. ¿Le hacen sentir importante y especial?
9. ¿Le inspiran a ser mejor persona?
10. ¿Considera que sus palabras y acciones son congruentes entre sí?

Si ha respondido afirmativamente a 6 o más de estas preguntas, ¡enhorabuena! Tiene su alma gemela a su lado.

Capítulo 10: Bienestar espiritual 101

¿Qué es el bienestar espiritual? Es el sentimiento de paz y satisfacción, autoaceptación y valor que experimenta una persona cuando conoce su valía. Ocurre cuando las personas se aceptan plenamente a sí mismas y aceptan lo que necesitan. Puede superar fácilmente la tristeza, la ira o la ansiedad aprendiendo sobre sus emociones y aceptando lo que están diseñadas para enseñarle.

La conexión entre la astrología espiritual y el bienestar espiritual

La astrología espiritual es una herramienta destinada a ayudarnos a alcanzar el estado de bienestar espiritual, en el que encarnamos nuestro verdadero yo y cumplimos nuestra misión vital. Si quiere experimentar un verdadero bienestar espiritual, le resultará difícil encontrar una forma mejor que mirar su carta astral y conocer los planetas y sus energías que le ayudarán a elevarse al nivel que le corresponde en la vida.

Por qué debe tomarse en serio su salud espiritual

Muchas personas hoy en día no se toman en serio su salud espiritual. No están viviendo una vida con propósito y no logran lo que querían hacer en esta vida. Puede que usted sea una de esas personas, y no pasa nada, pero no deje que eso le desanime. La astrología le ayudará a beneficiarse de su carta astral y a lograr la vida que se merece.

Su salud espiritual es importante si quiere experimentar relaciones sanas. ¿Por qué debería importarle? Porque caminará por la vida con una mayor conciencia de quién es y de qué trata su vida. Su vida estará rodeada de personas significativas y afines, lo que la hará más agradable y cómoda.

Su propósito, su yo auténtico y su bienestar espiritual

No puede vivir una vida con propósito sin saber quién es. Aprovechará al máximo su experiencia única y se sentirá a gusto en su piel. Su bienestar espiritual mejora cuando acepta quién es y comprende que todos estamos conectados como un solo ser en este mundo. Cuando esté dispuesto a escuchar a su yo interior, su vida tendrá más sentido y sus relaciones serán más satisfactorias.

Prácticas que puede utilizar para mejorar su bienestar espiritual

Permítase enfrentarse a sus emociones. Si se siente enfadado, triste o resentido, mírese y vea cómo se siente. Es probable que se sienta un poco incómodo por algo, y si puede identificarlo, podrá trabajar para superarlo. Si no puede comprender cómo mejorar su bienestar espiritual, practique la confrontación abierta del problema. Hable con alguien para determinar lo que le ocurre y poder realizar los cambios necesarios en usted mismo.

Acepte las emociones negativas que surjan en su vida. A veces, es necesario sentir ansiedad o ira. A veces, estas emociones nos enseñan sobre nosotros mismos. Si aprende a sentirse cómodo con sus emociones, estas no le frenarán ni se interpondrán en su propósito vital.

Disfrute del mundo que le rodea y aproveche al máximo su entorno. La forma más fácil de experimentar el bienestar espiritual es rodearse de personas a las que quiere, con las que disfruta pasando el tiempo y manteniendo conversaciones significativas sobre la vida y su propósito. Si vive su vida de forma creativa o compasiva, se hará cada vez más fuerte en sí mismo.

Haga cosas que le saquen de su zona de confort. Cuando uno está constantemente cómodo, es difícil sentir nuevas emociones o experiencias. Si quiere experimentar cosas nuevas, haga un esfuerzo por salir de su zona de confort y hacer algo nuevo. Cuanto más desafiante sea la experiencia, más probabilidades tendrá de sentir un nivel más profundo de conexión consigo mismo y con el mundo.

Deshágase de las personas negativas de su vida que no apoyan su viaje hacia la salud espiritual. Si alguien le desafía constantemente, le hace sentirse mal consigo mismo o de alguna otra forma le deprime el ánimo, es el momento de dejarle marchar. Dejar ir a estas personas no significa que usted sea desagradecido por su ayuda o que no sean buenos amigos. Significa que ha crecido lo suficiente como ser humano y espiritual para saber cuándo ciertas relaciones ya no le sirven.

Desarrolle un sentido del humor sobre la vida y sobre usted mismo. Si puede aprender a reírse de las pequeñas cosas de la vida y de usted mismo, desarrollará más confianza como ser espiritual y un yo auténtico. Si puede sentirse a gusto consigo mismo, experimentará una sensación de bienestar más profunda, que le hará tener más confianza en su vida cotidiana.

Tómese la vida en serio, pero no a sí mismo. Está bien tomarse la vida en serio, pero no está bien tomarse a sí mismo demasiado en serio. Dese margen para entender por qué suceden las cosas, y ser más relajado le ayudará como individuo y espiritualmente.

Medite al menos entre 5 y 10 minutos cada día. No tiene que meditar durante horas para que sea eficaz. Sacar unos minutos de su día puede suponer una gran diferencia en su vida. Cuanto más frecuentemente medite, más fácil le resultará reconocer sus emociones y comprender de dónde proceden y cómo se relacionan con sus experiencias como ser auténtico y espiritual.

Practique el auto perdón. Para muchas personas, no hay nada más fácil que machacarse por algo que ocurrió en el pasado o por algo que hicieron mal a lo largo de su trayectoria vital. Si este es un problema en su vida, debe ser más indulgente consigo mismo. Es valioso reconocer que todos cometemos errores, pero es importante que aprenda a disfrutar de lo que hace bien para preservar su autenticidad y su propósito.

Practique la auto aceptación. Necesita aceptarse por lo que es para experimentar el bienestar espiritual. Si no acepta lo que ha sido su vida hasta ahora, le resultará difícil aceptarse como una persona capaz de hacer los cambios necesarios de la forma adecuada en el momento adecuado.

Signos de un alto bienestar espiritual

Cuando practique estas técnicas de bienestar espiritual, notará grandes cambios en su vida. He aquí algunos:

Su estado de ánimo mejora. Si se siente más feliz y más positivo consigo mismo y con la gente que le rodea, es probable que su bienestar espiritual esté mejorando. Cuando se toma el tiempo necesario para sentirse bien sobre quién es y cuál es el camino de su vida, la ansiedad o la depresión se desvanecen.

Desarrolla la empatía hacia usted mismo y hacia los demás. Cuando su bienestar espiritual es alto, sentirá empatía por las personas que atraviesan momentos difíciles. Reconocerá las emociones que experimenta la gente, por lo que le resultará más fácil comprender sus sentimientos y necesidades y proporcionarles ayuda.

Usted es más abierto. Cuando se siente bien consigo mismo y con la gente que le rodea, es más fácil abrirse a situaciones y a nuevas personas para ampliar su círculo de confianza y amistad. Si estas conexiones le ayudan a sacar más de usted mismo de lo que le quitan, contribuyen positivamente a su bienestar emocional.

Usted es más creativo. Muchas personas sienten que una conexión espiritual les ayuda a ser más creativos, perspicaces y, en definitiva, a estar más en contacto con su intuición. Cuando su intuición es fuerte y su creatividad florece, se siente espiritualmente bien porque descubre muchas formas de expresarse.

Ve las cosas de forma diferente. Cuando se ha fortalecido como ser espiritual, toda su perspectiva de la vida puede cambiar. Verá más allá de los límites de lo que la vida le dio anteriormente y aprenderá a vivir una vida mucho más fuerte y feliz como un ser auténtico sin nada que le frene.

Bienestar espiritual en su relación

Las siguientes son algunas de las formas en que estas técnicas desarrollarán la confianza, el respeto y el afecto en su relación:

1. Tendrá una mejor capacidad de comunicación y de escucha.
2. Reconocerá las emociones de su pareja en cada momento.
3. Entiende qué circunstancias hacen que su pareja se sienta bien consigo mismo y con su vida y qué circunstancias le hacen dudar o

preocuparse.

4. Cuando es apropiado, usted ofrece sugerencias o consejos sobre cómo podrían mejorar las cosas para ellos mismos.

5. Se vuelve más empático con las luchas de su pareja.

Bienestar espiritual en casa

Un fuerte sentido del bienestar espiritual mejora el ambiente en casa. He aquí algunas formas de lograrlo:

1. Usted tolera las situaciones difíciles con menos ansiedad.

2. Aprecia las pequeñas cosas que hacen su vida más agradable, como una buena taza de café o un masaje.

3. Acepta a su pareja o a los miembros de su familia por quiénes son y en qué momento de su vida se encuentran.

4. Tiene mejores relaciones con su pareja o sus familiares por comunicarles cómo se siente ante determinadas situaciones y cómo resolverlas eficazmente.

5. Comprende las necesidades de los demás y reconoce que puede ofrecer ayuda en determinadas situaciones cuando sea necesario y apropiado.

Bienestar espiritual en el lugar de trabajo

He aquí cómo es el bienestar espiritual en el lugar de trabajo:

1. Usted disfruta de los beneficios de un buen equilibrio entre el trabajo y la vida privada.

2. Abraza la creatividad para expresarse en el trabajo y la utiliza para encontrar nuevas oportunidades de crecimiento y desarrollo en su carrera.

3. Se comunica con sus compañeros de trabajo de forma clara y respetuosa, lo que le ayuda a trabajar con diligencia sin empantanarse en el drama o la política.

4. Está menos ansioso y estresado al enfrentarse a situaciones difíciles en el trabajo o con otras personas de la oficina.

5. Sabe que está creciendo y prosperando como persona, lo que en última instancia le ayuda a hacer un mejor trabajo cada día porque tiene más confianza en sus capacidades.

Bienestar espiritual en la sociedad

Cuando el bienestar en la sociedad es alto, usted se siente bien con el mundo porque siente que su país, estado o comunidad está cuidada en lugar de ser maltratada. He aquí algunas formas en las que el bienestar espiritual afecta positivamente a la sociedad:

1. Usted tiene una sensación general de paz y satisfacción con su entorno.
2. Siente que hay menos violencia y conflictos en su comunidad y país que en otras zonas del mundo.
3. Comprende que la gente necesita ayuda cuando pasa por un mal momento y la trata con más amabilidad y respeto.
4. Se siente más conectado con otras personas de su comunidad, lo que le ayuda a sentirse más seguro y protegido.
5. Cuando su bienestar espiritual es alto, quiere cuidar mejor de sí mismo y de los demás para mostrar gratitud por lo que tiene en la vida.

Estas son solo algunas formas en las que el bienestar espiritual puede mejorar su vida cuando se utiliza con una dosis saludable de atención plena y gratitud.

Cuestionario:
¿Cuál es el nivel de mi bienestar espiritual?

Responda sí o no a lo siguiente:

1. Siento que tengo un propósito en la vida.
2. Puedo recordar fácilmente acontecimientos pasados que fueron significativos para mí o que tuvieron un efecto positivo en mi vida.
3. Intento hacer algo de mi vida cada día trabajando duro, aprendiendo cosas nuevas o explorando diferentes oportunidades de crecimiento y desarrollo.
4. Comprendo los sentimientos o puntos de vista de otras personas, aunque no estemos de acuerdo sobre una situación o sobre lo que es importante en la vida.
5. Siento que el mundo que me rodea es un lugar seguro en el que vivir.

6. Siento que cuento con el apoyo de otras personas en situaciones difíciles.
7. Apoyo a la gente cuando pasa por un momento difícil.
8. Respeto los puntos de vista, las opiniones y las ideas de los demás, aunque no coincidan con mis creencias.
9. Siento que el trabajo que hago es bueno porque es más satisfactorio o significativo para mí personalmente que cualquier otra cosa.
10. Siento que puedo comunicarme con mi pareja o mis familiares para que aprecien cómo me siento, sin provocar una discusión ni sacar a relucir sentimientos negativos.
11. Tolero las situaciones difíciles, sabiendo que todo irá bien independientemente de lo que ocurra en la vida.
12. Mantengo buenas relaciones con mis compañeros de trabajo, aunque no coincidamos necesariamente en ciertas cosas.
13. Deseo ayudar a las personas del mundo porque me hace feliz verlas salir adelante y tener éxito.
14. Disfruto de mis éxitos sin sentirme arrogante o superior a otras personas.
15. Soy yo mismo con personas que no están necesariamente de acuerdo con mi forma de ver las cosas o con lo que quiero de la vida.
16. No siento la necesidad de tener siempre la razón o de corregir a la gente cuando hace o dice algo con lo que no estoy de acuerdo.
17. Cuando veo situaciones negativas en las noticias, siento compasión por otras personas y ofrezco ayuda si es necesario.
18. Siento que puedo marcar una diferencia positiva en el mundo haciendo lo que se me da bien, no necesariamente por dinero o éxito.
19. Tengo la capacidad de corregir los problemas tóxicos de mi vida para que no sigan persiguiéndome.
20. Tengo un fuerte deseo de ayudar a la gente a encontrar su paz interior, sea lo que sea lo que eso signifique para ellos.

Si ha respondido afirmativamente a 14 preguntas o más, le va muy bien con su bienestar espiritual.

Bonificación: Guía para recargar su bienestar espiritual

Aquí tiene una guía de 30 días para curarse espiritualmente.

Día 1: Dé un paseo al aire libre.

Día 2: Medite durante diez minutos por la mañana.

Día 3: Escriba en un diario las cosas que más le importan.

Día 4: Haga algo amable por alguien, pero que sea alguien que no pueda devolvérselo.

Día 5: Cómprese algo bonito.

Día 6: Mírese al espejo y afirme: "Lo estás haciendo muy bien, te quiero", durante cinco minutos.

Día 7: Tres veces hoy, deje lo que esté haciendo y sonría durante un minuto.

Día 8: Pase tiempo con alguien con quien disfrute estar. Simplemente esté a su lado.

Día 9: Escuche un podcast empoderador.

Día 10: Prepárese una comida sana y suntuosa.

Día 11: Encuentre la forma de pasar tiempo con su animal favorito.

Día 12: Durante cinco minutos, baile su canción favorita.

Día 13: Escriba durante cinco minutos un diario sobre sus defectos. Hágalo sin juzgar, solo con amor.

Día 14: Escriba durante cinco minutos un diario sobre sus mejores cualidades y regocíjese en ellas.

Día 15: Done algo a una causa que le importe.

Día 16: Pregunte a cualquier persona de su entorno si hay algo en lo que pueda ayudar.

Día 17: Medite durante diez minutos antes de acostarse.

Día 18: Escriba diez cosas por las que esté agradecido.

Día 19: Escriba cinco cosas que le gusten de la persona que más quiere.

Día 20: Vístase elegante y guapo.

Día 21: Dedique cinco minutos a escribir un diario sobre sus progresos en la vida.

Día 22: Diviértase en el parque o en su jardín sin el teléfono durante una hora.

Día 23: Medite durante quince minutos por la mañana.

Día 24: Escriba cinco cosas que sepa que tiene que dejar de hacer. Elija una y póngale fin.

Día 25: Haga una lista de las personas tóxicas de su vida. Elija una y elimínela de su vida.

Día 26: Haga ejercicio durante cinco o diez minutos y esté presente y sienta su cuerpo.

Día 27: Manténgase alejado de las redes sociales.

Día 28: Preste atención a su ingesta de agua y manténgase hidratado.

Día 29: Medite sobre todas las cosas buenas de su vida y sienta un profundo agradecimiento por ellas. Haga esto durante diez minutos.

Día 30: Cuando coma, sea más consciente y esté más presente. Preste atención a los colores, olores y texturas mientras come.

Vea más libros escritos por Mari Silva

Su regalo gratuito

¡Gracias por descargar este libro! Si desea aprender más acerca de varios temas de espiritualidad, entonces únase a la comunidad de Mari Silva y obtenga el MP3 de meditación guiada para despertar su tercer ojo. Este MP3 de meditación guiada está diseñado para abrir y fortalecer el tercer ojo para que pueda experimentar un estado superior de conciencia.

https://livetolearn.lpages.co/mari-silva-third-eye-meditation-mp3-spanish/

¡O escanee el código QR!

Bibliografía

A, S. (2019, 29 de mayo). Astrología kármica: Conozca su karma y su *dharma*. WeMystic. https://www.wemystic.com/karmic-astrology/

Admin. (2013, 12 de diciembre). Astrología kármica. ZodiacSign.com. https://www.sunsigns.org/karmic-astrology/

Allard, S. (2020, 4 de septiembre). Cinco cosas que hay que saber sobre el karma y la reencarnación. Fundación Hindú Americana. https://www.hinduamerican.org/blog/5-things-to-know-about-karma-and-reincarnation

Astrology.Com. (s.f.). Calculadora de la carta natal. Consultado el 1 de octubre de 2022. https://www.astrology.com/birth-chart/

Astrología Signos del Zodíaco. (s.f.). Astrología kármica. Astrology-**Zodíaco**-Signs.Com. Consultado el 1 de octubre de 2022. https://www.astrology-**Zodíaco**-signs.com/astrology/branches/karmic-astrology/

AstroTwins. (2020, 31 de agosto). Las doce casas del horóscopo: Los temas y lecciones de cada una. Mindbodygreen. https://www.mindbodygreen.com/articles/the-12-houses-of-astrology/

AstroTwins. (2019, 30 de junio). Cree su carta astral gratis. Astrostyle. https://astrostyle.com/birthchart/?sscid=51k6_wugvp

AstroTwins. (2019, 31 de enero). Cómo leer su carta astral como un astrólogo. Mindbodygreen. https://www.mindbodygreen.com/articles/how-to-read-your-astrology-birth-chart/

Black, K. M. (s.f.). Astrología kármica: El secreto de una vida feliz y con propósito. Karen M. Black. Consultado el 1 de octubre de 2022. https://www.karenmblack.com/karmic-astrology.html

Black, K. M (s.f.). La misión del alma de su nodo norte: Descripciones detalladas por signo y casa. Karen M. Black. Consultado el 1 de octubre de 2022. https://www.karenmblack.com/north-node.html

Cafe Astrology .com. (2018, 15 de marzo). Entender la rueda de la carta astral. https://cafeastrology.com/articles/how-to-understand-read-chart-wheel.html

Camacho, N. A. (2022, 18 de mayo). Qué significa para usted la casa astrológica asociada a su signo zodiacal. Bien+Bien. https://www.wellandgood.com/Zodíaco-signs-houses/

Dasa, P. (2014, 8 de octubre). Reencarnación y karma: cómo funciona. HuffPost.

Discover Card. (2014, 17 de septiembre). ¿Qué tan bueno es su karma? BuzzFeed. https://www.buzzfeed.com/discovercard/how-good-is-your-karma

Estrada, J. (2022, 28 de junio). Hay doce leyes del karma en juego en su vida: esto es lo que significan. Well+Good. https://www.wellandgood.com/12-laws-of-karma/

Estrela, A. (2019, 6 de noviembre). Predecir el futuro. PsychicGuild. https://www.psychicguild.com/astrology/forecasting/

García, A. (2022, 2 de marzo). Qué son las lecciones kármicas y cómo aprender de ellas. AFYA AROMAS. https://shopafyaaromas.com/blogs/self-love/what-are-karmic-lessons-and-what-can-we-learn-from-them

GoldRing Astrology. (s.f.). Leer su carta astral. Consultado el 1 de octubre de 2022. https://www.goldringastrology.com/ReadingYourBirthChart

Harra, C. (2020, 21 de febrero). Cinco maneras en que el karma de sus vidas pasadas le afecta hoy. Mindbodygreen. https://www.mindbodygreen.com/0-20223/5-ways-karma-from-your-past-lives-affects-you-today.html

Heyl, J. C. (2022, 24 de marzo). ¿Qué es un ciclo kármico? Dotdash Media. https://www.verywellmind.com/what-is-a-karmic-cycle-5219446

Hinduismo Hoy. (2019, 5 de septiembre). Karma y reencarnación. https://www.hinduismtoday.com/hindu-basics/karma-and-reincarnation/

Crece la esperanza. (2020, 24 de abril). ¿Qué es el propósito espiritual? https://hopegrows.net/news/what-is-spiritual-purpose

El monasterio hindú de Kauai. (s.f.). Fundamentos del hinduismo. Consultado el 1 de octubre de 2022. https://www.himalayanacademy.com/readlearn/basics/karma-reincarnation

Kelly, A. (2022, 30 de noviembre). Los doce signos del Zodíaco: Fechas y rasgos de personalidad de cada signo zodiacal. Allure. https://www.allure.com/story/Zodíaco-sign-personality-traits-dates

Kelly, A. (2021, 4 de julio). 101 cartas natales: Entender los planetas y sus significados. Allure. https://www.allure.com/story/astrology-birth-chart-reading

Kelly, A. (2021, 8 de junio). Qué significan las casas en su carta astral y cómo encontrarlas. Allure. https://www.allure.com/story/12-astrology-houses-meaning

Kent, A. E. (2015). Tránsitos astrológicos: La guía para principiantes para usar los ciclos planetarios para predecir su día, su semana, su año (o su destino). Fair Winds Press.

LaMeaux, E. C. (s.f.). Cómo atraer el buen karma. Gaiam. https://www.gaiam.com/blogs/discover/how-to-attract-good-karma

Leek, S. (1977). Moon signs. W.H. Allen/Virgin Books.

Lindberg, S. (2020, 5 de noviembre). ¿Cuáles son las doce leyes del karma? Healthline Media. https://www.healthline.com/health/laws-of-karma

Lynsreadings.com. (s.f.). Frecuencia de los números y lecciones kármicas. Consultado el 1 de octubre de 2022. https://www.lynsreadings.com/karmic-lessons

Magner, E. (2022, 4 de octubre). Doce casas en astrología: Comprenda un nuevo nivel de su signo zodiacal. Well+Good. https://www.wellandgood.com/houses-in-astrology/

Moses. (2021, 17 de marzo). Seis señales de que está viviendo una lección kármica. PsychDigital.

Murphy, B., Jr. (2015, 11 de marzo). Diez formas desinteresadas de construir un buen karma y generar felicidad. Inc. Australia. https://www.inc.com/bill-murphy-jr/10-selfless-ways-to-build-good-karma-and-generate-happiness.html

Penix, S. (2018, 9 de julio). Cómo la ley del retorno kármico puede ayudarle a ser mejor persona. Study Breaks. https://studybreaks.com/thoughts/karmic-return/

Regan, S. (2020, 17 de julio). Cómo reconocer una lección kármica y qué hacer al respecto. Mindbodygreen. https://www.mindbodygreen.com/articles/signs-youre-receiving-a-karmic-lesson-and-what-to-do-about-it/

Regan, S. (2021, 19 de mayo). ¿Qué es realmente la deuda kármica y cómo saber si la tiene? Mindbodygreen. https://www.mindbodygreen.com/articles/karmic-debt/

Schulman, M. (1977). Astrología kármica: v. 1. HarperCollins Distribution Services.

Stardust, L. (2021, 30 de marzo). Cómo leer su carta astral. Teen Vogue. https://www.teenvogue.com/story/how-to-read-your-birth-chart

Stinson, N. (2017, 15 de diciembre). Diez maneras de alinearse con su propósito o *dharma*. Chopra. https://chopra.com/articles/10-ways-to-align-with-your-purpose-or-dharma

Summit Publications. (2013, 3 de abril). 35. La ley del retorno kármico. https://www.summitlighthouse.org/inner-perspectives/karma-law-of-karmic-return/

Thomas, K. (2022, 27 de enero). Qué es una carta astral en astrología ¿y cómo leerla? New York Post. https://nypost.com/article/astrology-birth-chart/

TrustedTeller. (2021, 14 de diciembre). Entender los signos del Zodíaco: Elementos, cualidades y polaridad. https://trustedteller.com/blog/understanding-Zodíaco-signs-elements-qualities-and-polarity/

Sociedad Vedanta del sur de California. (2016, 14 de marzo). Karma y reencarnación. https://vedanta.org/what-is-vedanta/karma-and-reincarnation/

Wehrstein, K. M. «Reencarnación y karma». Psi Encyclopedia (2021, 7 de julio.). https://psi-encyclopedia.spr.ac.uk/articles/reincarnation-and-karma

Whitney, B. (2017, 15 de junio). ¿Cómo está su karma? Zoo. https://www.zoo.com/quiz/hows-your-karma

Wright, J. (2022, 18 de marzo). Hay (al menos) nueve tipos de astrologías: ¿cuál es la adecuada para usted? PureWow. https://www.purewow.com/wellness/types-of-astrology

ZodiacPsychics.com. (s.f.). ¿Qué es la astrología kármica? Consultado el 1 de octubre de 2022. https://www.zodiacpsychics.com/article/what-is-karmic-astrology.html

Bailey, A. A., & Khul, D. (1997). Esoteric astrology (Vol. 3). Lucis Publishing Companies.

Barton, T. (2002). Ancient astrology. Routledge.

Campion, Nicholas (1982). An Introduction to the History of Astrology. ISCWA.

Campion, Nicholas (2008). A History of Western Astrology. The Ancient World (vol. 1). London Continuum.

Holden, James Herschel (2006). A History of Horoscopic Astrology (2nd ed.). AFA.

Kay, Richard (1994). Dante's Christian Astrology. Middle Ages Series. University of Pennsylvania Press.

Newman, W. R., Grafton, A., & Viano, C. (2006). Secrets of nature: astrology and alchemy in early modern Europe. Aestimatio: Critical Reviews in the History of Science.

Parker, Derek; Parker, Julia (1983). A history of astrology. Deutsch.

Robbins, Frank E., ed. (1940). Ptolemy Tetrabiblos. Harvard University Press (Loeb Classical Library).

Tester, S. J. (1987). A history of western astrology. Boydell & Brewer.

Veenstra, J.R. (1997). Magic and Divination at the Courts of Burgundy and France: Text and Context of Laurens Pignon's "Contre les Devineurs" (1411). Brill.

Wedel, Theodore Otto (1920). The Medieval Attitude Toward Astrology: Particularly in England. Yale University Press.

Wood, Chauncey (1970). Chaucer and the Country of the Stars: Poetical Useres of Astrological Imagery. Princeton University Press

Fuentes de imágenes

[1] https://pxhere.com/en/photo/682844

[2] https://commons.wikimedia.org/wiki/File:Birth_chart_example.JPG

[3] https://pxhere.com/en/photo/1001293

[4] https://www.pexels.com/photo/phases-of-the-moon-1983032/

[5] https://www.pexels.com/photo/silhouette-of-mountain-under-the-moon-covered-with-clouds-4100130/

[6] https://commons.wikimedia.org/wiki/File:Waxing_crescent_moon.jpg

[7] Jim Evans, CC BY-SA 4.0 https://creativecommons.org/licenses/by-sa/4.0, vía Wikimedia Commons https://commons.wikimedia.org/wiki/File:1st_Quarser_Moon.jpg

[8] Opoterser, CC BY 3.0 https://creativecommons.org/licenses/by/3.0, vía Wikimedia Commons https://commons.wikimedia.org/wiki/File:Gibbous_Moon.jpg

[9] Gregory H. Revera, CC BY-SA 3.0 https://creativecommons.org/licenses/by-sa/3.0, vía Wikimedia Commons https://commons.wikimedia.org/wiki/File:FullMoon2010.jpg

[10] Serge Meunier de Holanda, CC BY 2.0 https://creativecommons.org/licenses/by/2.0, vía Wikimedia Commons https://commons.wikimedia.org/wiki/File:Waning_gibbous_moon_near_last_quarser_-_23_Sept._2016.png

[11] https://pixabay.com/images/id-96309/

[12] Bruce The Deus, CC BY-SA 4.0 <https://creativecommons.org/licenseres/by-sa/4.0>, vía Wikimedia Commons: https://commons.wikimedia.org/wiki/File:Deus_Aries.png

[13] https://pixabay.com/es/illustrations/tauro-astrolog%c3%ada-hor%c3%b3scopo-zod%c3%adaco-2782023/

[14] https://pixabay.com/es/illustrations/geminis-astrolog%c3%ada-hor%c3%b3scopo-2782077/

[15] https://pixabay.com/es/illustrations/c%c3%a1ncer-astrolog%c3%ada-firmar-s%c3%admbolo-2551431/

[16] https://pixabay.com/es/illustrations/leo-hor%c3%b3scopo-el-signo-del-zod%c3%adaco-3915974/

[17] https://pixabay.com/es/illustrations/virgo-astrolog%c3%ada-firmar-s%c3%admbolo-2552259/

[18] https://pixabay.com/es/vectors/libra-zod%c3%adaco-firmar-s%c3%admbolo-36393/

[19] https://pixabay.com/es/vectors/escorpi%c3%b3n-zod%c3%adaco-astrolog%c3%ada-firmar-36396/

[20] https://pixabay.com/es/vectors/sagitario-zod%c3%adaco-se%c3%b1ales-36395/

[21] https://pixabay.com/es/vectors/capricornio-zod%c3%adaco-firmar-s%c3%admbolo-36390/

[22] https://pixabay.com/es/vectors/piscis-zod%c3%adaco-firmar-astrolog%c3%ada-36394/

[23] https://pixabay.com/images/id-2562325/

[24] https://www.pexels.com/photo/timelapse-photography-of-moon-1275413/

www.ingramcontent.com/pod-product-compliance
Lightning Source LLC
Chambersburg PA
CBHW051855160426
43209CB00006B/1304